巴西孔子学院文化传播能力建设研究

彭现堂 著

企业管理出版社
ENTERPRISE MANAGEMENT PUBLISHING HOUSE

图书在版编目（CIP）数据

巴西孔子学院文化传播能力建设研究 / 彭现堂著 . —北京：企业管理出版社，2022.12

ISBN 978-7-5164-2708-8

Ⅰ.①巴… Ⅱ.①彭… Ⅲ.①汉语－对外汉语教学－教育组织机构－研究－巴西 ②中华文化－文化传播－研究 Ⅳ.①H195-40 ②G125

中国版本图书馆CIP数据核字（2022）第165179号

书　　名：	巴西孔子学院文化传播能力建设研究
书　　号：	ISBN 978-7-5164-2708-8
作　　者：	彭现堂
责任编辑：	徐金凤　田　天
出版发行：	企业管理出版社
经　　销：	新华书店
地　　址：	北京市海淀区紫竹院南路17号　邮　编：100048
网　　址：	http://www.emph.cn　电子信箱：emph001@163.com
电　　话：	编辑部（010）68701638　发行部（010）68701816
印　　刷：	北京虎彩文化传播有限公司
版　　次：	2022年12月第1版
印　　次：	2022年12月第1次印刷
开　　本：	710mm×1000mm　1/16
印　　张：	13印张
字　　数：	158千字
定　　价：	69.00元

版权所有　翻印必究·印装有误　负责调换

序 PREFACE

经过18年的风雨兼程，孔子学院在数量上和质量上蓬勃发展，不仅受到民众的广泛关注，而且引起了学界的极大兴趣。孔子学院作为中国向世界推广中文、传播中国文化的一个重要平台，其文化传播能力建设，关系到孔子学院向全球推广中文、传播中国文化的广度和深度。因此，研究孔子学院的文化传播能力显得尤为必要。

孔子学院文化传播能力，简而言之，就是孔子学院对外不断增强中文和中国文化吸引力与影响力。孔子学院文化传播的目的，是为了满足世界各国人民学习中文、了解中国文化的需要，促进世界多元文化发展，构建和谐世界。要想增强孔子学院的文化传播能力，就离不开对孔子学院所在国家的民众进行研究，在综合分析所在国家的文化特点、语言习得规律、性格特征、生活习惯等基础上，寻找两国之间的文化共性，运用当地民众易于接受的方式，将汉字与中华文化传播出去。孔子学院作为中国最大的文化输出工程，已遍布全球大部分国家和地区，它是一个文化交流机构，同时也是一个公益机构，为世界各地想要学习汉语，向往中国传统文化的人们提供学习和了解的机会和平台。

中文教学和文化传播是孔子学院的两翼，相互依存、相互支撑。基于此，本书主要从两个方面展开研究。一方面，从本土化理论入手，分析巴西孔子学院如何立足当地，全面推进中文教学和学术研究的本土化，着力提高孔子学院中文教学质量。因为本土化是孔子学院文化传播的最有效方式，也是规避跨文化传播风险的最有效手段。具体措施包括，一是实现国际中文教师、教材和教法的本土化，提升中文学习者的获得感；二是加强学术研究的引领性作用，支撑中文推广迈向内涵式发展。另一方面，基于传播学视角，从传播者、传播内容、传播路径等方面，深入探讨孔子学院如何在巴西东北部推广中华文化，提升中华文化的影响力。具体措施包括，其一增强中文国际产品供给能力，推进中文融入海外民众生活；其二制定适合当地的市场化机制，凸显孔子学院民间主体身份。

  本书主要围绕巴西东北部孔子学院如何提升文化传播能力展开论述，具有一定的理论和实践意义。理论上，在分析巴西东北部孔子学院文化传播现状的基础上，探讨孔子学院提升中文和中国文化跨国传播影响力的具体路径，有助于推进孔子学院中文和中国文化全方位交流体系的建设；实践上，可以为巴西孔子学院文化传播能力的改进和提升，提供参考和借鉴。

  本书撰写团队成员共 8 人，具有以下三个特点。第一，具有在巴西伯南布哥大学孔子学院担任国际中文教师的经历。8 名成员均具有在孔子学院担任过至少一年国际中文教师的经历，承担过国际中文教学和中国文化传播的任务。第二，团队中的 7 名中国成员均具有汉语国际教育硕士专业或语言专业的学位，都是跨国文化传播的专门人才，专业知识扎实，能胜任中文作为第二外语的教学任务。第三，对巴西文化和学生特点有一定的了解。8 名成员中有 1 名是巴西本土中文教师，曾在中国留学攻读化学专业；有 5 位教师曾赴任巴西伯南布哥大学孔子学院，亲身体验过巴西社会生活、接触过巴西当地民众；2 位教师在线上开展中文教学，虽然没有身临其境，但是隔着屏幕跟巴西学生也有过很多的交流。其中7名中国成员在与巴西民众交流的过程中，对巴西文化和民众的特点，有切身的感受和体会，能够根据巴西文化和民众的特点，开展中文教学和中国文化的传播。

8名成员的简要信息、撰写篇章等信息如表1所示。

表1　课题研究团队成员信息一览表

姓名	身份	任职时间	撰写章节	工作单位
彭现堂	孔子学院中方院长	2019.01至今	第一、二、九、十章	中央财经大学
张成汉	孔子学院公派教师	2017.10至今	第八章	中央财经大学
陈丽芳	孔子学院志愿者教师	2015.03—2016.03 2017.02—2018.02	第三章	巴西FAAP孔子学院
孙丁	孔子学院志愿者教师	2016.02—2017.01 2017.08—2019.07	第三章	巴西FAAP孔子学院
伍德俊	孔子学院本土教师	2018.12至今	第六章	伯南布哥大学孔子学院
冯亚	孔子学院志愿者教师	2019.01—2020.01	第七章	陕西省东庄水利枢纽工程建设有限责任公司
陈琪	孔子学院志愿者教师	2021.07—2022.07	第四章	广州科技职业技术大学
徐鑫怡	孔子学院志愿者教师	2021.03至今	第五章	哈尔滨师范大学

本书能够顺利出版，得益于中央财经大学、中国驻累西腓总领馆的大力支持。首先，特别感谢中央财经大学的资助。为了落实服务国家战略、"一带一路"倡议和参与全球治理的大局，不断提升学校科学研究和国际化办学

水平，中央财经大学与中国驻累西腓总领馆联合设立研究课题，组织学校老师对巴西东北部的经济、社会、政治、法律和文化等方面展开深入研究，为国家外交工作提供智力支持和咨政服务，进一步深化中国与巴西国别研究的广度和深度。其次，感谢中央财经大学科研处组织专家对课题研究成果进行跟踪指导，感谢课题总负责人刘骊光老师和子课程负责人的通力配合。我们课题组承担的子课题名称为"巴西东北部孔子学院文化传播能力建设研究"，感谢课题组8位成员夜以继日的讨论、修改和完善。最后，感谢企业管理出版社的田天和尤颖编辑，她们细致耐心、一丝不苟的敬业精神，是本书得以与读者见面的重要保证。

截至目前，国内学者对巴西孔子学院文化传播能力的研究还处于初级阶段，有很多东西仍然需要沉下身去，深入研究。因此，书中不可避免会存在研究不周或蜻蜓点水的地方，恳请专家学者和读者不吝赐教、批评指正。

彭现堂

2022 年 9 月 19 日

目录 CONTENTS

001	第一章	巴西孔子学院的发展现状
010	第二章	巴西的人文特点
016	第三章	巴西孔子学院成人网络中文教材建设的思考
042	第四章	巴西东北部国际中文教学方法研究
071	第五章	叙事教学法应用于中国传统节日教学的研究
112	第六章	巴西东北部地区国际中文教学浅析
120	第七章	孔子学院在巴西东北部开展文化活动的思考
		——以伯南布哥大学孔子学院为例
146	第八章	中国文化如何在巴西东北部生根发芽
		——以伯南布哥大学孔子学院为例
177	第九章	孔子学院走市场化道路的思考
187	第十章	学术研究如何助力巴西孔子学院的新发展

第一章
巴西孔子学院的发展现状

"讲好中国故事,传播好中国声音,展示真实、立体、全面的中国,是加强我国国际传播能力建设的重要任务。"一国语言和文化是该国国际传播能力建设的关键构成要素。加强语言和文化的国际传播能力建设,对于提升国家软实力具有极其重要的作用。

作为中国向世界推广中文教学、传播中国文化、促进人文交流的一个平台和窗口,孔子学院已成为国际中文教育和中国文化传播的知名品牌,在实现中文教育和中国文化走向国际的道路上发挥着越来越重要的作用。

自2008年11月26日,巴西首家孔子学院——圣保罗州立大学孔子学院揭牌成立以来,巴西已经成立了11所孔子学院,外加1个孔子课堂。在11所孔子学院中,有两所特色孔子学院,一所是FAAP商务孔子学院,另一所是戈亚斯联邦大学中医孔子学院,旨在深入推进中巴两国商务和中医文化的交流与合作,为传播商务知识和中医文化发挥重要作用。截至目前,巴西东北部有两家孔子学院和一个中文网络孔子课堂。两家孔子学院包括位于伯南布哥州首府累西腓市的伯南布哥大学孔子学院和位于塞阿拉州的塞阿拉联邦大学孔子学院。中文网络孔子课堂是帕拉伊巴州的帕拉伊巴联邦大学中文网络孔子课堂。

14年以来，孔子学院为巴西民众学习中文、了解中国文化提供了条件和帮助，为推进中国文化传播、增进中巴人文交流、促进中巴民心相通等做出了重要贡献。然而，孔子学院在巴西推广中文教学和传播中国文化的过程中也存在一些问题，需要在以后的工作中高度重视，找到解决的办法。孔子学院应着眼于巴西的实际情况，因地制宜、因时制宜，不断加强孔子学院在巴西的文化传播能力建设，以期孔子学院能更好地服务于巴西的国际中文教学和中国文化传播。其主要存在以下几点问题。

第一，本土化教材缺失。具备本土化教材，是外语言传播成功与否的一个重要因素之一。针对所在国的语言文化特点和民众语言习得的规律，编写本土化的中文学习教材，是每个孔子学院首当其冲应该考虑的问题。因为本土化中文教材的编写，有利于减轻当地民众学习中文的困难程度，为他们掌握中文、运用中文打下坚实的基础。

目前，巴西的孔子学院在教材本土化方面存在一个突出的问题是，没有编写出符合巴西语言文化特点和民众语言习得规律的中文教材。尽管中文教材有葡语版本，但是这种葡语版的中文教材是根据葡萄牙的文化特点和民众语言习得规律编写的，不一定符合巴西人的语言习得规律和特点。巴西地处南美洲，自然会带有拉美国家的特点；葡萄牙位于西欧，也会受到西欧国家的影响。两国经过数百年的发展演变，在文化和民众特点方面也会随之发生变化，表现出本民族、本地区的文化特性和语言习得习惯。就像英国和美国一样，都是使用英语的国家，但是因为国情、民族、地域、风俗差异较大，美式英语和英式英语在拼写、发音和表达等方面就各有特点。大语种中文教材主要有英语、西班牙语和葡萄牙语等版本，这些教材主要是根据某个特定国家的语言习惯来编写，没有考虑使用同一语言国家的语言使用习惯和规律。他们虽然使用同一种语言，但是语言使用的习惯各不相同。所以，对于这些国家的中文学习者而言，他们不太容易接受这类教材的编写方式，学习过程中不免会遇到困惑。因此，孔子学院应充分考虑到巴西学生的语言习得习惯和特点，编写出符合其语言学习规律的中文教材，便利学生学习、掌握中文。①

第二，本土化教师数量不足。师资是国际语言传播的核心力量，是联通教材和教学方法的关键角色。本土化教师数量扩充是国际语言传播的首要任务，是教材本土化和教法本土化的前提。教师本土化的实现，有助于教材本土化和教法本土化的实现。因为本土化教材的编写和本土化教学方法的运用，离不开本土化教师的参与。教师的本土化，是国际语言传播能否扎根当地、能否可持续发展的核心要素。

巴西的孔子学院普遍都面临中文专任师资与注册学生比例失调的问题，专任教师少、注册学生多，生师比居高不下，难以满足国际中文教学的需求。生师比是孔子学院办学质量的一个重要晴雨表，一定程度上反映了孔子学院教学质量和水平。孔子学院的中文教学主要是培养学生运用中文进行交际的能力，课堂教学侧重对学生听、说的训练，要求教师引导学生反复使用中文表达，强调师生之间的互动。师生之间良性互动的一个重要衡量指标，就是生师比。在保证师生互动机会充分的条件下，才能保证教学质量。巴西孔子学院生师比失调的主要原因在于师资供给不足，一方面是国际中文教师派遣的数量有限，从中国派遣国际中文教师，不仅成本高昂，而且流动性大，给孔子学院师资队伍建设带来了诸多困难和不确定性；另一方面是本土教师资

---

① 彭现堂，《孔子学院如何助力人类命运共同体建设》，《国际公关》2020年第9期，第254-255页。

源紧缺，主要表现为三个层面的师资匮乏，一是缺乏既懂中文又会教中文的本土教师，二是缺乏既懂中文又懂专业的复合型本土中文教师，三是缺乏精通中文的汉学家。

本土化教师的培养，是一项低成本、高收益的方法，是孔子学院可持续发展的重要保障。本土教师不存在语言、文化和生活上的障碍，对中国和所属国的语言、文化都非常了解，他们担任孔子学院的中文教师，具有天然的优势。巴西的孔子学院应利用中方合作院校的学科优势，通过各类奖学金项目加大对本土化教师的培养，逐步完善、细化本科到博士的本土化教师培养体系，积极建立"中文+"和青年汉学家等复合型人才的培养模式，尽可能满足巴西对本土化中文教师的多样化需求。[①]

第三，本土化教法缺位。国际中文教学具有很强的交际性和实践性，目的在于培养学生灵活运用中文进行交际的能力。国际中文教学应遵循"学生是语言教学的核心"理念，形成以学生为主体、以教师为主导的模式，发挥教师组织、管理、引导课堂的作用。教师在组织、管理和引导课堂的过程中，如何激发学生学习的积极性、主动性和能动性，使课堂的教学效果达到最佳，就需要使用适宜的教学方法。国际中文教学是跨国对外语言教学，需要综合考虑学生特点、国别特点、民众语言习得特点等因素。因此，教学方法的运用要立足当地、入乡随俗，教学方法的本土化显得尤为重要。

教学方法的本土化与教师有着密切联系，教师是教学方法使用的主体。教学方法是固定的、不变的，而教师是有差异的个体，有个性、有思想、善思考。同一教学方法因不同教师运用，会产生不同的教学效果。巴西的孔子

---

① 彭现堂，《孔子学院如何助力人类命运共同体建设》，《国际公关》2020年第9期，第255页。

学院在如何实现教学方法的本土化方面，一定要注重对教师的选拔和培养。

第一，要选拔合格的本土教师。如上所述，本土教师对本国语言、文化非常熟悉，对本国同胞学习中文遇到的问题、困惑有切身的体会，能够根据自身学习中文的体会和母语的语言习得规律，改进教学方法，实现教学方法的本土化。

第二，要建立稳定的国际中文教师队伍。国际中文教师任期较短、流动性大，是孔子学院中方师资队伍建设中的巨大掣肘。中方派出教师要做到教学方法的本土化，保持较长时间的任期是首要条件。有了时间的保障，国际中文教师才能潜心钻研教材、才会下功夫了解巴西学生的学习特点、才会主动去把握中文和葡萄牙语的异同与发展规律。[①] 国际中文教育基金会和中外方合作院校应加大对本土教师培养的投入，通过多种形式加强对本土教师的再培训；孔子学院应创造条件促进本土教师和国际中文教师进行交流和合作，举办教学方法方面的研讨，不断总结经验，找到适合孔子学院学生的教学方法。

第三，市场化道路滞后。巴西的11所孔子学院和1个孔子课堂中，完全走市场化道路的孔子学院屈指可数。这跟孔子学院的外方合作伙伴有一定关系。在11所孔子学院和1个孔子课堂中，其中5所孔子学院和1个孔子课堂的外方合作伙伴是联邦大学，4所孔子学院的外方合作伙伴是州立大学，2所孔子学院的外方合作伙伴是私立大学。巴西的联邦大学和州立大学都是公立大学，巴西的公立大学属于免费公立高等教育系统，学生是不用缴纳学费的，大学提供的课程也都是免费的。所以，孔子学院作为外方合作大学的一部分，其为外方合作大学的学生提供中文教育服务也应该是免费的。即便少数孔子

---

① 彭现堂，《孔子学院如何助力人类命运共同体建设》，《国际公关》2020年第9期，第255页。

学院针对所属大学以外的学生或社会人员实行付费的中文教育服务，学费标准也是极低的。学费标准高了，就没法吸引更多巴西民众学习中文，他们会转而学习英语、西班牙语、法语、德语或日语等。这些孔子学院的自我造血或者说自力更生能力很弱，很大程度上依赖于中方的经费投入和资金支持。

巴西的私立大学基本上是自费的，学生需要付费攻读大学。隶属于私立大学的两所孔子学院，其提供的中文教育服务不是免费的，学生必须缴纳学费。但是，这两所孔子学院只是按照私立大学的学费收取办法开展中文教学和文化推广，所在大学对孔子学院在人力、物力、资金等投入方面比较谨慎，只是将孔子学院提供的中文教育服务作为一个增加收入或国际化办学的手段。由于所在大学在办公场所、中方教师住宿、行政人员和本土教师配备等方面不积极也不愿意投入太多的资金，孔子学院仍然需要向中方合作大学申请办学经费，以维持孔子学院正常的中文教学和文化推广活动，支持孔子学院的可持续发展。由此而知，即使隶属于私立大学的两所孔子学院，也没有完全走市场化的道路，离自负盈亏的市场运作模式相距较远。

第四，单一化传播乏力。孔子学院作为中国在巴西推广中文教学、传播中国文化的主要渠道，业已成为中巴两国人文交流的重要平台，肩负向巴西民众讲述中国故事、传递中国声音、促进民心相通的重要使命。孔子学院在借鉴英国文化委员会、歌德学院、法语联盟等语言文化机构模式的基础上，积极探索和创新符合自身特点的语言教学和文化传播方式，向巴西民众开展行之有效的中文教学和文化传播活动，满足他们学习中文和了解中国文化的需求，增进两国文化和民众之间的理解，为构建中巴两国命运共同体奠定人文基础。然而，巴西的孔子学院在推广中文教学和传播中国文化的过程中，存在着传播模式单一化的现象。

一是传播机制单一化。2020年6月孔子学院转隶改制后,孔子学院的品牌由中国国际中文教育基金会负责运营,中国国际中文教育基金会不直接参与孔子学院的管理,中外合作院校需要承担更多的管理和运行责任。此次转隶改制加速了孔子学院走向民间化、国际化的步伐,能够减少国外舆论对孔子学院身份的质疑和责难。中外合作院校作为孔子学院的办学主体,在孔子学院的管理和运行中究竟能发挥多大的作用,尚需要实践检验。作为展示中国文化的一张重要名片,孔子学院的传播能力建设,不仅需要中外合作院校发挥主体作用,更需要国家进行顶层设计,不断优化孔子学院的传播机制,改变孔子学院单打独斗的方式,改变孔子学院单向传播和单面传播的做法。孔子学院靠单打独斗,完全不能支撑新形势下的创新发展,需要争取中国和所在国机构的多方支持,需要建立完备的传播机制,既要推广语言和文化,又要开展人文和学术交流,深化孔子学院在外方合作大学和当地的融入;既要介绍中国优秀的传统文化,又要展示中国当代的新型文化;既要介绍中国文化的知识层面,又要讲述中国文化的精神内涵;既要讲述好中国的故事,又要倾听好巴西的声音,促进双向交流机制;既要发挥现有宣传媒介的作用,又要注重新技术下媒体的融合发展。

二是传播方式单一化。巴西的孔子学院每年都举办很多文化活动,吸引了众多巴西民众的参与,为他们认识中国、了解中国文化创造了条件,激发了他们学习中文的兴趣。但巴西的孔子学院在传播中国文化的过程中,存在传播方式单一化、程式化的现象,缺少生动性,容易让人产生视觉疲劳。巴西孔子学院应该在以下两方面丰富传播的方式。首先,文化传播要善于融合巴西文化内容。孔子学院在设计文化活动时,要注重对巴西文化的吸收和融入,为中巴文化的交流和碰撞提供一个平台,让巴西民众在体验中国文化的同时,也能感受到自身文化的存在,通过切身的体会,发现中巴文化的共同之处,引起他们的共鸣,这样能让巴西民众更好地接受中国文化。其次,文化传播要善于迎合巴西民众的性格特点。巴西民众热情奔放、能歌善舞,偏爱集体性舞蹈和活动。孔子学院举办的文化活动应该以集体性参与的活动为主,用音乐或舞蹈营造一种充满欢快和律动的气氛,让巴西民众在活动中既展现了个性、愉悦了身心,又增长了知识、体验了文化。如果孔子学院举办的文化活动能很好地契合巴西民众的性格和爱好,就会吸引众多的巴西民众参与,达到一传十、十传百的扩散效应,铸就巴西人积极参与和支持孔子学院的民众基础。

三是传播内容单一化。巴西的孔子学院每年举办的文化活动众多,但是在文化内容的选择上存在以下问题。第一,文化活动内容单一,存在重复雷同的现象。孔子学院文化活动以介绍中国传统文化为主,如武术、中医、传统节日、京剧戏曲、美食、书法、茶艺、歌曲舞蹈、刺绣、剪纸等,但缺少对现代文化的关注和介绍,如电子商务、快捷支付、中国高铁、中国桥梁、共享单车等,这些新文化同样彰显了中国的生机和活力,需要向世界人民展示一个全面、真实和快速发展的中国。第二,文化活动内容停留在浅层次,深度挖掘不够。中国的传统文化内涵丰富、历史久远,有众多的文化精髓需要继承和发扬。受限于师资队伍水平和条件,孔子学院在传播传统文化时往往表现为物质层面的简单介绍,传播能力稍显不足、传播效果差强人意。要将传统文化的精髓讲得通俗易懂,需要教师具备深厚文化底蕴和丰富的知识储备,孔子学院的教师目前还很难达到以上要求。巴西的孔子学院在传播中国文化的过程中,要避免"重传统,轻现代""重广度,轻深度""重内容,轻体验"等现象,一定要坚持传统与现代相结合、广度与深度相结合、内容讲述和亲身体验相结合,将中国传统与当代现实联结起来,将情感表达和价值内涵联结起来,将中国和巴西联结起来,向巴西民众传播有层次、有深度、有内涵的中国文化,展现一个既真实又具体、既全面又立体的中国。

四是传播手段单一化。文明因交流而多彩,文明因互鉴而丰富。文明交流互鉴,是推动人类文明进步和世界和平发展的重要动力。文明是有差异的,巴西的孔子学院在传播中国文化、讲述中国故事时,要正视和尊重中巴两国之间的文化差异。在传播手段的使用上,巴西的孔子学院切勿沿袭"宣传本位"的传统传播手段,而是要以"受众本位"为指导,以满足受众获取信息的需要为准则,加强与巴西受众的双向沟通、平等交流。

如果我们一味采用单一的宣讲方式,以传统的叙述风格和习惯来传播中国文化,不注重方法的创新、受众的感受,那么这样的交流很可能坠入自说自话、效果不彰的境地。孔子学院的文化传播如何达到预期的效果呢?首先,孔子学院要注重与巴西当地社区的融入,要了解并掌握巴西当地民众的心理和易于接受的叙述方式。在传播中国文化时,做到平等对话、客观公正,用巴西民众喜闻乐见的方式进行讲述。其次,孔子学院要淡化意识形态和传播者的主导地位,根据巴西民众的民族特点,量身制定教学内容,立足交流互鉴的视角,积极进行传播者和受众者的角色互换,提高受众者的参与度。最后,孔子学院要善于在文化差异性中,寻找中巴两国之间的文化共性,强调两国文化中共通性、普适性的内容,通过有效的传播方式讲述出来,让巴西民众增知识、受启发、乐参与、广宣传。

第二章 巴西的人文特点

巴西的国土面积虽然在全球排名第五,但是巴西拥有的孔子学院数量却不多。以国土面积前五的国家(中国除外):俄罗斯、加拿大、美国、巴西和澳大利亚为例,俄罗斯的国土总面积达1709.82万平方千米,加拿大国土面积为998万平方千米,美国国土面积达937.3万平方千米,巴西国土面积达851.49万平方千米,澳大利亚国土面积达769.2万平方千米;而2022年俄罗斯总人口约为1.43亿,加拿大总人口约为3830万,美国总人口约为3.26亿,巴西总人口约为2.10亿,澳大利亚总人口约为2599万。截至2022年9月8日,俄罗斯已建立19所孔子学院和4个孔子课堂,加拿大已建立11所孔子学院,美国已建立35所孔子学院和12个孔子课堂,巴西已建立11所孔子学院和1个孔子课堂,澳大利亚已建立13所孔子学院和6个孔子课堂。[①] 根据上述五国各自拥有的人口总数、国土总面积,以及孔子学院和孔子课堂数量的比率可以得知,巴西拥有的孔子学院和孔子课堂的数量偏低。原因有如下几个方面。

一是地理距离障碍。中国地处东亚,位于亚欧大陆东侧,东临太平洋;

---

① 数据来源:孔子学院官网。

而巴西则位于南美东侧，东临大西洋。中国在北半球，巴西在南半球，两个国家处在不同的半球，时差为11个小时。中国和巴西的直线距离约为18800千米，从中国乘坐国际航班到巴西，需要在中途转机，没有直飞航班。此外，中国属于东亚文明的中心，与印度文明、中东文明、西欧文明、北美文明一直有着密切的接触和交往。巴西距离北美文明、西欧文明、中东文明、印度文明和东亚文明相对较远。这种有形距离和无形距离的障碍，长久以来阻隔了中国和巴西两国的对话与交流，使两国人民相互之间保持着一定距离，一直比较陌生。两国间距离差、民众间的陌生感，为中巴两国的人文交流与合作带来了巨大障碍。

二是语言沟通障碍。葡萄牙语作为巴西的官方语言，属于印欧语系；中国的官方语言为汉语，属于汉藏语系。葡萄牙语和汉语在体系结构、语法类型、语音拼读等方面存在霄壤之别，二者的相似度和关联性非常低。葡萄牙语与英语的相似度和关联性很高，许多单词是直接从英语中借过来的；葡萄牙语的字母表跟英语的字母表基本一致，只是在字母发音上存在差异。对于同属印欧语系的人而言，学习葡萄牙语会容易得多。但是，对于属于汉藏语系的人来说，难度就很大了。反之亦然，母语为葡萄牙语的人，要学习掌握汉语，难度可想而知。虽然中国早在20世纪60年代就开始了葡萄牙语本科教学，但是随着全球经贸往来的飞速发展，葡萄牙语人才非常匮乏，远不能满足经贸发展和人文交流的迫切需求。以孔子学院为例，会说葡萄牙语的国际中文教师属于凤毛麟角，会说中文的本土教师更是寥若晨星。中文教学在巴西的开展就更晚了，直到21世纪初期，孔子学院在巴西的设立，开始比较正规的中文教学。当然，在孔子学院设立之前，有一些华侨协会开办的华文学校也教授中文，但授课的对象主要是华侨的子女。目前，巴西还没有一所大学将中文纳入学历教育体系。近年来，巴西民众学习中文的人数尽管逐年增加，但是真正掌握中文、能够使用中文进行日常交流的人仍在少数。因此，语言障碍导致在巴西推广中文教学和传播中国文化任重道远。

三是文化认知障碍。巴西文化是在葡萄牙、荷兰等欧洲文化强势侵入的基础上，融合了非洲文化、印第安文化而形成的一种文化共同体，本质上是主要受西方思想和价值观左右的、西方文化占主导地位的混合文化[①]。

随着美国不断增强其在巴西的影响力，美国政治、经济和军事力量逐步渗入。美国文化借此机会趁势而入，对巴西民众的影响是广泛而深远的，且在巴西民众心中具有很高的认知度。因此，欧美文化传统上在巴西文化中就占据强势地位。近来，虽然以动漫、音乐、舞蹈、游戏为主要内容的日韩文化在巴西异军突起，取得了一定的竞争优势，但整体而言，还是处于较为边缘的地位。中国文化在巴西的影响极其有限，中国与巴西于1974年8月15日建立外交关系，1993年建立战略伙伴关系，2012年提升为全面战略伙伴关系，中巴两国相互认识和了解的时间不长。囿于中国文化与巴西文化的差异性，以及中国文化传播的滞后性，中国文化在巴西民众中的认知度极低。文化认知上的障碍，导致中国文化在巴西的传播变得更加困难。

巴西使用的语言是葡萄牙语，也是南美洲唯一以葡萄牙语为官方语言的国家。尽管英国、法国、西班牙、荷兰和葡萄牙都对巴西进行过侵扰或占领，但最终还是葡萄牙赶走了其他侵略者，使巴西成为一个统一的国家，保持了语言的统一，让葡萄牙的宗教和风俗在巴西这块土地上生根发芽。不过，巴西文化并不呈现单一化的特点，跟拉美其他国家一样，都具有吸收外来文化

---

① 郭存海，《中国的国家形象构建：拉美的视角》，《拉丁美洲研究》2016年第5期，第55-56页。

的传统。正如茨威格所言:在巴西这个大熔炉中,大众不断吸收着新的物质,经受着混合与铸炼。……若要探寻巴西历史,就必须在梦中回想他们来自三大洲的祖先,回想欧洲的帝国、非洲的村落以及美洲的丛林。[①]巴西文化具有如下几个特点。

一是文化的多源性。文化的多源性是指巴西文化是由多种不同的文化混合而成,不仅包括上段茨威格所说的欧洲文化、非洲文化和印第安文化的融合,还有20世纪后美国流行文化的注入、日本和韩国文化的发展等。多种不同来源文化不仅相互融合并进行了继承、扬弃与创新,形成了具有巴西属性的文化特色。

二是文化的多样性。文化的多样性是指巴西文化的内容具有多种成分,这主要是由文化的多源性决定的。巴西文化中不仅包括葡萄牙、荷兰、意大利、法国、德国等欧洲国家的文化成分,还内含印第安土著文化、非洲土著文化、美国文化和日韩文化的内容。

三是文化的包容性。文化的包容性是指巴西文化对外来文化持开放态度,具有较强的接纳和吸收能力。巴西文化形成之初,就是在多种文化相互并存、相互调和的过程中融合而成的。因此,从一开始,巴西文化就具有开放、亲和的特点,它对待外来文化不排斥、不抗拒,善于与外来文化进行对话、交流与融合,表现出一种与生俱来的融合力和包容性。

巴西人的特点。首先,巴西人热情、善良。巴西人普遍都很热情,在见面时,他们都会热情地打招呼,不管是否相识;初次见面时,他们都会相互拥抱,拥抱是他们表达问候最真诚、最直接的方式。如果你遇到困难,向巴西人求助,

---

[①] 斯蒂芬·茨威格,《巴西:未来之国》,樊星译,上海:上海文艺出版社,2013年,第112页。

他们会倾力帮助，直至帮你把问题解决，他们会给予你热情而无私的照顾。巴西人不崇尚武力或暴力，他们会比较隐忍和克制自己的行为。

其次，巴西人重视家庭。巴西人非常注重家庭和睦和家庭成员之间融洽的关系。每到周末或节假日，巴西人都要跟家庭成员待在一起，外出旅行或晒日光浴，享受家庭团聚的美好时光。忠于家庭、归属家庭，是巴西人情感的基础和支柱。

最后，巴西人知足常乐。跟其他拉美国家的民众相比，巴西人不崇尚过度追求物质财富的积累，一定程度上轻视一味追求物质财富的行为。巴西是比较传统的天主教国家。巴西人认为，劳动只是谋生的手段，不是一味追求物质财富的大量占有；人应淡化对物质财富的追求，重视精神财富的获取，强调在创造物质财富的同时，要学会享受闲暇时光。除了宗教节日比较多之外，巴西还设立了许多国家节日，如巴西独立日、共和国成立日、独立英雄纪念日等；还有一些各州的节假日，甚至还有各个城市的节假日。巴西人认为，工作或劳动不是生活的唯一目的，放松与享乐同样重要。因此，巴西人注重闲暇娱乐、随性自由，享受即时的幸福与快乐。

中国与巴西远隔重洋、相距万里，有着不同的文化，从属于不同的文明体系，但也存在一些相似的地方。例如，两国文化都具有多源性和包容性的特点。中国文化经历了五千多年的发展，在漫长的发展过程中并不是一成不变、封闭自守，而是始终与不同民族、不同地区，甚至不同国家的文化相互学习、相互借鉴、相互融合。中国文化也具有很强的融合力和包容性，这与巴西文化不谋而合。中国人和巴西人的性格特点也有相同的地方，如两国民众都很乐善好施、喜爱和平，厌恶暴力和争斗。

尽管语言障碍、文化陌生和距离遥远，很大程度上阻碍了中国和巴西之间的交流与合作。但是，中国和巴西同属发展中国家，都是集人口、资源和市场三大优势于一身的新兴经济体。在经济全球化和金融国际化日益加剧的背景下，中巴两国在发展过程中都面临许多相同或类似的问题。为了更好地应对这些问题，迫切需要中巴两国互帮互助、互学互鉴，寻求共通的解决办法。随着中巴两国建立"全面战略伙伴关系"，两国在经贸和政治领域正如火如荼地展开交流与合作。经贸和政治交往的深入推进，必然要求双方对彼此语言与文化有深刻认识和了解。我们从事跨文化交流的人都深有体会，语言和文化不仅是沟通人与人之间的工具和桥梁，而且是有力量和情感的，因为掌握他国语言、了解他国文化的人，一般会对该国国家和国民产生好感甚至信任。中国和巴西在文化和民众性格上的共同点，为两国人民进行深入的文化交流与合作奠定了坚实的人文基础。

第三章
巴西孔子学院成人网络中文教材建设的思考

随着中国国际地位的不断提高，中外文化交流合作日益密切，海外中文教学事业随之蓬勃发展。中文作为文化的载体，成为世界各国与中国交往合作的重要工具，很多国家开始重视中文教学，越来越多的人开始学习中文。为给世界各地的中文学习者提供规范、权威的现代中文教材，提供最正规、最主要的中文学习渠道，2004 年，全球首家孔子学院正式设立。孔子学院自创办以来，累计为数千万各国学员学习中文、了解中国文化提供服务，在推动国际中文教育发展方面发挥了重要作用，成为世界认识中国的一个重要平台。本章着重论述的是针对巴西孔子学院成人网络中文教材建设的思考。建设巴西成人网络中文教材的目的是提高巴西成人学生的中文语言能力，从而提高其交际能力。

一、巴西孔子学院中文教学现状

巴西作为拉丁美洲最大的国家，同时也是"金砖五国"之一，虽与中国相隔万里，但两国长久以来保持着良好的外交关系，并在经济、政治和文化等方面长期交流合作。随着两国交往日益密切，越来越多的巴西人开始学习中文，孔子学院的设立为越来越多的巴西人提供了一个学习中文的平台。

（一）巴西孔子学院概况

孔子学院目前是巴西民众学习中文的重要平台之一，具有深远影响。自2008年11月巴西第一所孔子学院——圣保罗州立大学孔子学院成立以来，孔子学院在巴西的规模不断扩大。目前为止，巴西境内共设立了11所孔子学院和1个孔子课堂，分别为圣保罗州立大学孔子学院（2008年，湖北大学）、巴西利亚大学孔子学院（2008年，大连外国语大学）、里约热内卢天主教大学孔子学院（2010年，河北大学）、南大河州联邦大学孔子学院（2011年，中国传媒大学）、FAAP商务孔子学院（2012年，对外经贸大学）、米纳斯吉拉斯联邦大学孔子学院（2013年，华中科技大学）、伯南布哥大学孔子学院（2013年，中央财经大学）、坎皮纳斯州立大学孔子学院（2015年，北京交通大学）、帕拉州立大学孔子学院（2016年，山东师范大学）、塞阿拉联邦大学孔子学院（2019年，南开大学）、戈亚斯联邦大学中医孔子学院（2019年，天津外国语大学和河北中医学院）和弗鲁米嫩塞联邦大学孔子课堂（2019年，河北师范大学）等。

巴西孔子学院中文学习人员大致可分为学生、社会人士和华裔。学生包括公立学校和私立学校的大学生和中小学生。一般情况下，学校与中方高校合作成立孔子学院或孔子课堂，为在校生提供免费或优惠中文课程。大学生学习中文具有主动性，兴趣高，接受能力强，多有第二外语学习经验，文化储备丰富，多为升学和工作打基础。中小学生普遍没有学习过第二语言，学习中文时更注重趣味性。社会人士主要包括公司员工、退休老人等，公司员工大多是由于工作需要，学习目的明确，积极性高。退休老人多是出于兴趣爱好、出国旅游等原因。华裔学生受家庭因素影响，大多数口语能力较强，汉字认读和书写能力较弱。

2013年11月，伯南布哥大学孔子学院成立，这是巴西第七所孔子学院，位于巴西东北部的伯南布哥州累西腓市，也是巴西东北部地区成立的第一所孔子学院；下设两个孔子课堂，分别是圣玛利亚中学孔子课堂和伯南布哥天主教大学孔子课堂。学习课时为每周4课时，每学期16周，一共64课时；学生学习中文的时间以课堂学习为主，少数学生会利用课余时间学习中文。

（二）巴西孔子学院成人教材使用现状

为支持孔子学院（课堂）开展中文教学，孔子学院总部提供一定额度的赠书。孔子学院公布的官方认定教材涵盖了小学到大学的各种中文教材、通用中文教材、文化读物、工具书和音像制品等。为了全面、真实地了解巴西孔子学院成人中文教材使用现状，笔者通过邮件形式对巴西9所孔子学院的成人教材使用情况进行了调查，调查结果如表3-1、表3-2所示。

表3-1 巴西孔子学院成人中文教材使用统计表

序号	孔子学院	教材名称	级别
1	伯南布哥大学孔子学院	当代中文	初、中级
		精英汉语	初、中级
		新实用汉语课本	中、高级
		跟我学汉语	初级
2	圣保罗州立大学孔子学院	当代中文	初、中级
		新实用汉语课本	高级

续表

序号	孔子学院	教材名称	级别
3	FAAP商务孔子学院	新概念汉语	初级
		博雅汉语	中、高级
		HSK标准教程	HSK5级
		商务汉语教材（自编）	初、中、高级
4	巴西利亚大学孔子学院	新实用汉语课本	初、中、高级
5	帕拉州立大学孔子学院	葡语世界学中文	初级
		快乐汉语	初级
		HSK标准教程	初、中、高级
6	南大河州联邦大学孔子学院	精英汉语	HSK1/2级
		HSK标准教程	HSK3/4/5级
7	塞阿拉联邦大学孔子学院	HSK标准教程	HSK3/4级
		当代中文	初、中级
8	米纳斯吉拉斯联邦大学孔子学院	当代中文	初、中级
		跟我学汉语	初级
9	里约热内卢天主教大学孔子学院	当代中文	HSK1/2/3级
		HSK标准教程	HSK1/2/3级

表3-2 巴西孔子学院成人中文教材使用数量统计表

序号	教材名称	使用孔子学院数量
1	当代中文	5
2	HSK标准教程	5

019

续表

序号	教材名称	使用孔子学院数量
3	新实用汉语课本	3
4	精英汉语	2
5	跟我学汉语	2
6	新概念汉语	1
7	博雅汉语	1
8	快乐汉语	1
9	葡语世界学中文	1
10	商务汉语教材（自编）	1

　　从表3-1、表3-2中的整理信息可以看出，巴西9所孔子学院中使用率较高的中文教材有《当代中文》和《HSK标准教程》。以伯南布哥大学孔子学院为例，中文教师大部分使用《当代中文》葡语版。《当代中文》原是为加拿大学习者所编写的一本综合性教材，其葡语版是2010年在"加拿大版"基础上翻译过来的，配有课本、练习册、汉字本，以适用于母语为葡萄牙语的中文学习者。该书内容偏向于介绍中国的一些简单情景对话，与巴西本土真实的语言环境有所差异，并不能完全满足母语为葡萄牙语学习者学习中文时的心理活动习惯和谈话方式。而且每课生词在40个左右，这对于入门阶段的巴西学习者而言，他们的学习目的大多是出于兴趣，每个星期课时达不到教材的安排，容量过大，给学习者造成了一定的难度和压力，不利于培养初学者学习中文的信心，会在某种程度上打消他们的学习积极性。

二、巴西孔子学院成人网络中文教材的设想

　　2020年一场突如其来的新冠疫情导致学校关闭，对全球近13亿学生造成了影响。疫情的蔓延对于众多国家的教育领域都是一次大考。而在互联网时代，线上教学、网络课堂，无疑成为学生接受教育的主要方式。世界各国都在迅速行动，采用各种远程学习方式应对局面，同时由于各个国家及地区的经济、互联网和线上教育资源发展水平不一致，也呈现出差异化，对学生和整个教育环境产生不同的影响。疫情防控期间，巴西各地的孔子学院积极开展线上教学。

　　战胜新冠疫情是一场"持久战"，网络教学不可或缺。面对如此大规模将课堂授课改为线上授课的形式，各国教育机构和师生们都仍在探索和调整。孔子学院的教材多为纸质版教材，但在疫情之下的网络教学中，除了使用PDF版本的教材之外，别无他选。线上教学不能完全代替线下教育。学生在家上课，面对枯燥生硬的电子版教材，缺乏学习氛围，容易出现注意力不集中、反应速度下降等问题，而缺少面对面的互动授课形式也是线上课程的一大弊端。因此，建设具有针对性的本土网络中文教材极具现实性、重要性和紧迫性。

　　教材是中文教学的一个重要媒介，它的作用是毋庸置疑的。然而，任何的教材的容量都是有限的，不可能满足所有学习者的学习需求。因此，对外中文教材不能千篇一律，对于不同国家、民族文化、学习动机、兴趣爱好、级别水平的中文学习者应该有针对性的设计，才能发挥更大的作用。

　　网络教材不同于电子教材，更不同于纸质教材。纸质教材无须赘述，那什么是电子教材呢？基于其电子化特征，电子教材是一种内容与印刷教材相

同，又借助电子媒介存在的电子书。[①]而网络教材是基于互联网而存在的，具有数字化特征的，为师生提供多种交互模式、多种媒体形式的网络课程。这里所指的多种交互模式主要包括：第一，学生通过观看视频教学内容进行的单边交互；第二，学生与网络平台上智能化的练习题之间的双边交互；第三，教师与学生之间通过第三方软件实现的双边实时交互和离线交互；第四，基于其他新兴媒体形式的教师之间、师生之间及同窗之间实时与延时的多边交互。[②]多种媒体形式包括：图片、声音、可交互的网页文本、视频、动画等。

基于网络教材和纸质教材、电子课件和电子化教材的不同，也可以从中看出网络教材的优势。第一，更经济。网络让世界各地的中文学习者在学习的过程中，通过较少的经济代价，就可以找到视频课、网络教材、论坛等学习资源。第二，更高效。网络教材可以让分散在世界各地的中文学习者集中在一起进行学习，提高了教学资源的利用率。第三，更及时。无论是老师还是学生，如果发现教材中的错误，便可以及时替换和修改，从而提高完善速度。

以上内容阐述了网络中文教材和非网络中文教材的区别，也了解了网络中文教材的优势。由于网络中文教材是基于网络的，那么在网络上进行教材的建设，并最终让学生通过网络来进行学习，撇开教材内容单看这种传输方式，属于信息传播的过程。那么我们可以从信息传播的角度来思考建设过程。

巴西成人网络中文教材最终是要被老师通过媒体传播给学生，从而使学

---

① 朱彩兰、李艺，《电子教材的本质辨识：来自三个世界的观察》，《电化教育研究》2017年第11期，第1页。

② 李津、王世友，《国际汉语网络教材研发：适用性、问题、策略与模式选择》，《课程·教材·教法》2012年第6期，第70页。

生学会中文，能用中文进行交际。这当中就涉及信息传播的五大要素，即知识的传播者、传播内容、传播媒介、传播对象和传播效果。

知识的传播者，本书主要是基于中外语言交流合作中心（以下简称语合中心）在巴西设立的孔子学院（课堂）的师资为考虑对象，包括语合中心派出的志愿者教师、专职或公派教师、本土教师等。传播对象，就是信息内容的接受者。传播内容，是指巴西成人网络教材内容。传播媒介，包括教材内容如何呈现以及传播者使用什么媒介跟学生互动。其中传播内容和传播媒介，是本文重点论述对象。

在五大要素的前提下，还涉及三种互动方式，即单边、双边和多边。体现在实际运用当中，比如：当学生看录播课，如果只进行知识的吸收，就是单边方式；如果以师生互动为主，那就是双边互动；如果同时包括同窗互动和师生互动，即为多边互动。

本书的传播内容指的是巴西孔子学院成人网络教材。下文中会有详细论述。

三、唐风汉语系列网络中文教材建设对巴西中文教材建设原则性启示

笔者从 2018 年至 2022 年均参与了唐风汉语系列网络中文教材（以下简称系列教材）的建设工作。本系列教材是国家社会科学基金年度项目的成果，项目编号 16BYY60。这是一套"双师"模式的信息化教材。此系列教材是为海外中文学习者专门编写的。全套共 9 个级别，笔者参与了前三个级别教材的编写工作。

根据之前参与过的网络中文教材编写的经历,现总结出一些心得,希望能为巴西网络中文教材的编写起到一定的帮助作用。

(一)网络中文教材内容要有科学性

构建一套网络中文教材是一项严谨、庞大的工程,需要以权威的标准为参考,将这些标准作为我们构建课程的指导原则,保证课程的科学性。《唐风信息化汉语系列课程》参考了《国际汉语能力标准》《国际汉语教学通用课程大纲》《新汉语水平考试大纲》《欧洲语言共同参考框架:学习、教学、评估》等。

其中《国际汉语能力标准》是面向学习汉语的外国学习者,对其运用汉语知识和技能进行交际的能力,从不同的层面提供了五个级别的描述,是衡量汉语学习者语言能力的重要依据。[1] 以 HSK 一级汉语能力为例,《国际汉语能力标准》的描述如下:能大体理解与个人或日常生活密切相关的简单、基础且十分有限的语言材料。借助肢体语言或其他手段的帮助,能用简单语法和词汇介绍自己或与他人沟通。

《国际汉语教学通用课程大纲》参照《国际汉语能力标准》,将课程内容划分为 5 个等级。从语言知识、语言技能、策略、文化意识 4 个方面对语言综合运用能力分级目标进行了详细描述,是国际汉语教学和教材编写等方面重要的参考依据和参照标准。[2]

---

[1] 国际合作与交流:《国际汉语能力标准》简介,中华人民共和国教育部政府门户网站,2008 年 4 月 25 日。

[2] 国际合作与交流:《国际汉语教学通用课程大纲》内容介绍,中华人民共和国教育部政府门户网站,2008 年 3 月 30 日。

《新汉语水平（HSK）考试大纲》是国家汉办组织中外汉语教学、语言学、心理学和教育测量学等领域的专家，充分调查、了解海外汉语教学实际情况，考虑了普通汉语学习者和专业汉语学习者、来华汉语学习者和非来华汉语学习者的差异，在吸取原有HSK的优点，借鉴近年来国际语言测试研究最新成果的基础上，以《国际汉语能力标准》为依据，推出的一项国际汉语能力标准化考试。它遵循"考教结合"的原则，目的是"以考促教""以考促学"，它不仅关注评价的客观性、准确性，关注考生的现有水平，而且重视鼓励考生的方式，重视怎样进一步提高、发展考生的汉语能力。

　　《欧洲语言共同参考框架：学习、教学、评估》（以下简称《欧框》）是一部由欧洲理事会组织制定并于2001年正式出版发行的纲领性文件。自《欧框》问世以来，欧洲及美国的许多汉语水平测验和汉语教学机构都以此为纲。随着我国"一带一路"倡议的提出，"汉语热"在世界各地兴起，而汉语教学要在全球顺利地开展起来，很重要的一条是要与《欧框》挂钩，因而制定汉语能力标准的重要原则之一就是要与《欧框》兼容。[①]

　　以上标准、大纲和框架，为建设课程提供了指导性的方向，那么我们在编写巴西中文网络教材时也需要参考上文提到的标准、大纲和框架，包括但不限于以上标准、大纲和框架。

（二）网络中文教材要有国别化特征

　　教材要具有国别化特征，也就是说教材要充分考虑到使用对象的年龄、

[①] 施荣杰，《〈欧洲语言共同参考框架〉视角下的对外汉语教学建设》，《语言规划学研究》2020年第1期，第84页。

国籍、宗教信仰、文化因素、生活环境等。图3-1是系列教材汉语零基础篇的三个版本的课程封面图。

图 3-1 唐风汉语系列网络中文教材封面图

这三个版本是分别为英国、俄罗斯、泰国的零基础汉语学习者专门制作的。三个版本分别用英语、俄语、泰语来解释重难点的语法规则或者相关的文化内容。除此之外，对于每课出现的人物形象、人物名称、食物词汇、地方专有名词等，制作团队都与来自英国、俄罗斯、泰国的本土老师充分交流和探讨，以保证教材更贴合使用对象，更具有国别化特征。

巴西成人网络教材的使用对象是说葡语的巴西人，因此，教材将采用巴西葡萄牙语作为媒介语。在巴西孔子学院的学生当中，占比最大的是大学生，年龄在18到27岁之间。这些学生活泼好动，具有较强的学习能力，喜欢丰富多样的课堂活动。所以针对巴西学生的这些特点，教材编写需在课文话题方面运用故事化、趣味化、练习题型多样化的形式，以贴合学生的特点。

这里不得不提到中外合作编写，通常来说，中国的专家学者在中文本体研究方面更权威，而海外的中文学习者和教师比国内同行更加了解海外的中文教学环境及其对教材的需求。双方的结合能互相弥补不足，使双方的优势发挥到最大值。因此，编写优质的海外教材需要靠国内外专家学者、教师等共同努力。

四、唐风汉语系列网络中文教材建设对巴西中文教材建设内容方面的启示

唐风汉语的系列课程分为 9 个级别，前 6 个级别中的每个级别的课程目标都高于对应的 HSK 所要求的标准。我们以唐风汉语 Tang-1 零基础课程为例，也就是整个系列第一级别的课程，可以看到这套课程的内容是如何建成的以及我们可以从中吸取哪些经验并弥补哪些不足。

（一）课程内容的框架搭建以及内容梳理

课程内容的框架搭建以及内容梳理工作是重中之重，是为课程制作打基础的环节。

图 3-2 是唐风汉语 Tang-1 零基础课程梳理项目，包括序号、课文名、交际任务和场景、对话体课文或叙述体课文、语法点、例句、文化、汉字、拼音、说唱等。

	A	B	C	D	E	F	G	H	I	J	K
1	序号	课文名	课文内容	语法点	例句		文化	汉字	拼音	语法	说唱
2	上半部分：学校生活（8课）										
3	1	你好 vs nǐ hǎo									中文中文很难吗？不难不难很好学。
4–10	2	你好	A：你好！ B：你好！请坐！ A：谢谢！ B：再见。 A：再见。 A：你叫什么名字？ B：我叫谢好。你呢？ A：我叫阿披查。	1. 打招呼及回应 2. 礼貌用语：请坐 3. 表示感谢：谢谢 4. 告别：再见 5. 询问和介绍姓名 6. 省略疑问句：呢 7. 姓和名的顺序	A：你好！ B：你好！ 请坐！ 谢谢！ 再见！ A：你叫什么名字？ B：我叫谢好。 我叫××，你呢？ 谢好		1.中国人姓氏的字数：李小龙、章子怡、欧阳娜娜 2.中国人名字的含义：王源、王俊凯、易烊千玺	1.左右结构：叫 2.左中右结构：谢 3.上下结构：字	j\q\x 1.见、叫 2.请 3.谢 i\ia\iao\ie\iou\in\ing\ian\iang	—	A 你好 你好 坐坐坐 谢谢你！再见！ B 名字名字，什么名字？
11–18	3	我是泰国人	A：你好！ A：你好！ A：请问，你是中国人吗？ 嗯，我是中国人。你呢？ B：我是泰国人。你很漂亮！ A：谢谢！ 学生们：老师好。 A：你们好。 B：请坐。上课。 下课。 谢谢老师！老师再见！ B：明天见！	1. 国家和国籍 2. 是字句 3. 是……吗？ 4. 谓语是形容词的句子 5. 师生问候 6. 复数：们 7. 课堂用语：上课、下课 8. 告别：明天见	1. 中国、中国人 2. 泰国、泰国人 3. 美国、美国人 4. 英国、英国人 1. 我是中国人。 2. 我不是中国人。 1. A：他是日本人吗？ 2. A：她是韩国人吗？ B：嗯，她是韩国人。 3. A：他是老挝人吗？ B：他不是老挝人。 你很漂亮。 1. 老师好！ 2. 你们好。 1. 你们 1. 上课 2. 下课 明天见		1.中国人尊师重教 2.如何称呼老师：姓+老师	1.日字旁：明、早、时 2.国家框：囚、国 3.左右结构：明 4.全包围结构：国 5.半包围结构：斤、司、远、同、囚、区	zh\ch\sh\r a\ai\ao\an\ang 摘、招、傣、长、少、闪、绕、让	—	A 你好 我是中国人，请问 你是哪国人， 你好 我是泰国人，中国人你很漂亮！ B 上课上课 老师好 上课上课 你们好 下课下课 明天见 下课下课 再　见

图 3-2 唐风汉语 Tang-1 零基础课程梳理项目

关于交际任务，根据《国际中文教材编写指南》中的标准，一级别包括 39 个交际任务，交际任务发生在三大场景中，涉及 13 个话题。

关于词汇，当时一级词汇的参考数量是 150 个，但是现在的一级词汇数量发生了很大变化。这是因为此项目是于 2018 年年底完成的，2021 年 4 月，教育部、国家语言文字工作委员会正式发布了《国际中文教育中文水平等级标准》（GF 0025-2021）（以下简称《标准》），并于 2021 年 7 月 1 日正式实施。《标准》中一级的词汇量为 500 个，语法点 48 个，汉字 300 个。

关于拼音，包括 21 个声母、36 个韵母、4 个声调。

关于说唱，这是本课程的特色之一，这里的说唱指的是把本课所学的重点语句编成简短押韵的句子，老师以说唱形式呈现出来，如图 3-3 所示。

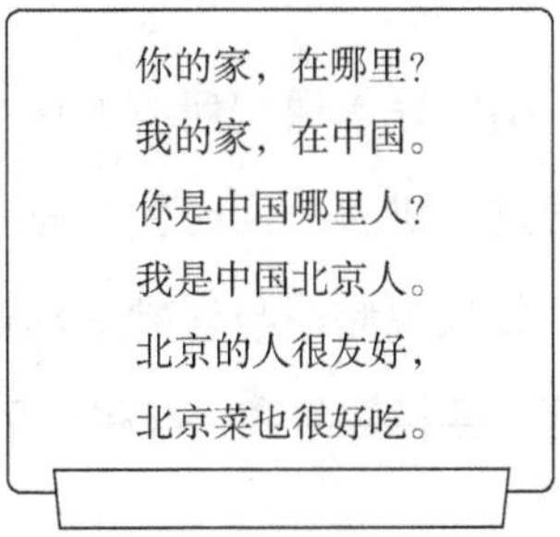

> 你的家，在哪里？
> 我的家，在中国。
> 你是中国哪里人？
> 我是中国北京人。
> 北京的人很友好，
> 北京菜也很好吃。

图 3-3　唐风汉语 Tang-1 零基础课程第 10 课说唱内容截图

如果能沿用说唱的部分，或者做一些改进，这将非常有利于巴西学生的学习，因为巴西的学生大多性格活泼开朗，能歌善舞。可以让学生参与说唱表演当中，甚至可以让学生来作词编曲，把音乐的形式加入中文学习中，将达到事半功倍的效果。

唐风汉语 Tang-1 零基础课程就是以交际任务为暗线，为了实现某一交际任务，比如打招呼，可以选择在不同的情境下学习和练习，至于选择哪种情境，可以根据学习者的身份来确定。如果学习者是学生，可以设定学校的情境；如果是工作人士，可以设定工作情境。有了交际任务和情境，就可以确定要使用哪些词汇和语法点。这样，一篇对话体课文或者叙述体课文就成形了。在此基础上，需要再润色一下，使文章更加有趣味性。比如，唐风汉语 Tang-1 零基础课程第 8 课的对话体课文就利用同音词营造出意外的结局。

A：小语，你周末喜欢做些什么？

B：我喜欢爬山、看星星。

A：太好了！我也喜欢。那我们周末去看星星，怎么样？

B：好啊。去哪儿看？

A：去电影院看吧。我最喜欢《金刚》里的猩猩。

B：啊？

确定好本课程所有的课文以后，就要对课文中的词汇、语法、汉字、文化等进行讲解，同时要为每一课设计课堂活动和课后作业。最后将讲解的内容制作成视频，与课堂活动以及课后作业一起上传到网络平台，老师既可以用这些教材教学生，学生也可以自学。

（二）如何更好地建设巴西成人网络中文教材

上文中提到的项目，包括课文名称、交际任务和场景、对话体课文或叙述体课文、语法点、例句、文化、汉字、拼音、说唱、课堂活动和课后练习的设计等，如何把巴西成人学生的学习特点和巴西的国情元素融合在这些项目中将是下文要论述的内容。在论述之前，先了解一下巴西的孔子学院每个学期的课时量，以伯南布哥大学孔子学院为例，一般情况下成人每周的中文课有4课时，每个学期有16周，一个学期有64课时。假设一个学期可以上完一级课程内容，那下面的论述也会提及各个项目是如何分配在64课时当中的。

1. 关于交际任务和场景

一级包括39个交际任务，主要发生在三大场景中，包括通用情境、生活情境、学习情境，这些情境既可以以中国为背景，也可以以巴西为背景。39个交际任务涉及13个交际话题，我们可以把13个话题编为13课，每课以对话体形式呈现。

我们所面对的中文学习者是孔子学院的成人学生，他们大多数是在校大学生，熟悉学校情境中的人物、事物，也有一些学生白天工作，晚上学习。所以一级的故事情节可以主要围绕简单的学习生活情境、日常生活情境展开，工作情境可以作为辅助或延伸学习。人物设计可以有在巴西本土长大的华人，也可以有从中国来巴西学习的中国人，既可以有巴西学生和华裔学生的故事，也可以有巴西学生和华人留学生的故事，或者学生和老师的故事等。故事情节也不用拘泥于简单的学习和日常生活，可以向更深层次的情感问题、社会问题、文化问题、历史问题等方面拓展。对于每课出现的人物名称，我们可以使用保罗（Paulo）、玛丽亚（Maria）、何贝尔杜（Roberto）的中文名字等；食物词汇，我们可以把巴西莓（açaí）、奶酪面包（pão de queijo）、黑豆熏肉饭（feijoada）等写进课文对话中；地方专有名词，可以把科科瓦多山、伊瓜苏瀑布、千湖沙漠等编进课文内容当中。

上文中提到要中外合作编写，这里的人物名字的选取、形象、爱好、着装、话题发生的场景环境等需要跟巴方的编写人员详细沟通来决定，并由巴方的美工负责呈现。

2. 关于词汇

《国际中文教材编写指南》对于成人初级阶段词汇的参考标准如图3-4所示。

参照指标	参考区间
《国际汉语教学通用课程大纲》	
平均每课生词数：	15.35~49.07
平均每课生词密度：	15.29%~94.16%
平均句长：	4.57~16.89
平均每课课后语法数：	0.85~4.42

图3-4 教育部中外语言交流合作中心国际中文教学指南网站截图

13个交际话题可以编写为13课，500个词汇放在13课中，每课平均38.46个生词。可以看出这个数据在国际中文教材编写指南标准15.35至49.07范围内，说明词汇量适中。

在编写教材时，会不可避免地出现一些超纲词，比如人名、地名、菜名、口语词等，这些在生活中使用频繁的常用词是可以出现在一级的教材当中的，只要控制好数量即可。另外，也要注意词汇的复现。每课的课文总字数保持200至270个之间。

词汇会出现在课文对话中，除此之外，在课文后需要附上本课的生词表，包括拼音、词汇、图片、葡萄牙语翻译等。

词汇讲解中，我们要注意中葡词汇的对比，让学生有意识地区别，比如下面两组对比会让学生更好、更快地掌握所学词汇。

对比1："喝"和"beber"，它们不是完全对等的，中文中可以说喝水、喝汤、喝酒、喝咖啡；但在葡语中，喝汤就用"tomar sopa"，喝咖啡用"tomar"。

对比2："上课"和"assistir dar"，中文中可以说老师上课，学生上课，都是用"上"，但在葡语中，老师上课一般用"dar uma aula"，学生上课会说"assistir a aula"。另外，中文"上高架桥"也用"上"，而葡语用"pegar viaduto"。

可以看出，葡语中几个不同的动词只对应一个中文动词，其实这样的对比，让中文的学习更加简单，增加学生学习的信心。

3. 关于语法

语法内容设置在生词版块后，48个语法放在13课中，平均每课3.69个语法点。在编写时，要运用翻译法，解释要准确、全面。应使用葡语对语法部分进行注释，降低学生的学习难度，特别是对语法专业术语的翻译要准确可靠。结合程式化语言的特点对语法点进行解释说明，程式化语言像是语法点的框架，这样的框架不仅简单明了，便于学生记忆，还具有生成性和创造性，学生可以自行添加各类成分，进行练习和巩固。例如，数词＋量词＋名词。运用对比分析法，要有针对性。要明确地把学生容易受到母语影响的语法点指出来，与中文加以对比，让学生有意识地区分，从而避免发生偏误。

解释语法的例句要丰富多样、难度适宜。每一个语法点都应编写四个左右不同例句供学生学习，可以让学生更全面地了解语法点的运用。语法点的呈现有分散性，要符合循序渐进的原则，并遵循学生认知能力发展的特点。以补语为例，补语分为简单趋向补语、情态补语"得"、带"好"字的结果补语、带"完"字的结果补语、带"到"字的结果补语、复合趋向补语"起来"、可能补语"得"、可能补语"得下""不下"等。补语是葡语为母语的学习者不易掌握的难点。补语分类较多，语义和语用区分难度大，肯定、否定及疑问的结构规则较多且易混淆。对这类困难的语法点要采取分散讲解的办法。第一级别的教材对趋向补语的编写应主要集中在"简单趋向补语"和以"得"为标志词的可能补语上。

在编写过程中，为了遵循对话的实用、真实、自然、有趣的原则，可能会出现一级以外的语法点，这是允许的，但是要控制使用量，在编写的过程中需要充分讨论。

4. 关于汉字

在拼音学习版块之后，需要加入汉字笔画、部件、笔顺及汉字造字法的知识。300个汉字平均分布在13课内容中，平均每课需要学习23个汉字。根据300个汉字梳理出来的汉字偏旁，再根据每一课要教的23个汉字，来决定编写哪些偏旁。

对于一级的学生来说可能是第一次接触汉字。为了让学生对汉字产生积极愉快的学习体验,编写汉字的学习内容时要选择有趣、互动性强的方式让学生学习。比如:呈现汉字字源的图片,加入有意思的讲解,并设计适量的可以让学生书写笔画的练习。初级阶段的学生要树立偏旁意识,在学完一定数量的汉字之后,需要再对有同样偏旁的汉字进行归纳总结,不但可以复现汉字,而且可以减轻学生的记忆负担。

每一课的语法版块后用田字格的形式呈现本课所要学习的汉字,并呈现出每个汉字的笔顺。另外,可加入笔顺的动画视频,让学生能更直观地学习书写笔画顺序。这就要求呈现教材的平台上有能够实现这些练习的功能。

5. 关于文化

语言是文化的载体,在编写时要尽量将语言内容和文化内容相结合,在课文中营造出中国文化的氛围,特别是情境在中国的课文。文化元素可体现在教材中词汇、语法、图片等方面。

文化介绍呈现在汉字版块后,以介绍课文中出现过的某个文化点为主,或对此文化点进行扩展。文化点的呈现方式可采取葡语+汉字+拼音(+图片)的形式。因为文化知识不同于语言知识,主要目的是让学生了解相关内容,扩展知识面。因此,可以选择学习者的母语对相关文化知识进行讲解,方便学生阅读,降低学习难度。在文化介绍部分出现汉字,一方面提高汉字的复现率,一方面强调重点。拼音能帮助学生学习生字。网络中文教材编写要擅于利用插图,争取每一个文化点下面都能有相关图片或视频展示,让文字介绍的内容形象化。

文化内容要丰富多元,可涵盖生活习惯、传统节日、风土人情、交通工具、历史人物、生肖属相等方面，可以让学生全方位地了解中国文化。比如：在介绍传统节日时，不仅介绍春节、端午节、清明节的习俗，还可以介绍各个节日的来历，如怪兽"年"的传说、屈原投江的历史等；在介绍地理常识时，可以介绍中国的行政区划、著名景点历史、中国56个民族的多样性等相关内容；在介绍历史人物时，可以介绍孔子、老子等古代人物，还可以介绍孙中山及其领导的辛亥革命等。

　　同时也要注重文化的历时和共时对比。不但要注意中国传统文化和中国现当代文化的历时对比，也要注意西方文化和中国文化的共时对比。比如：中国的情人节和西方的情人节对比，可以通过一个神话故事讲述七夕的由来。学生了解七夕由来的同时，可以学习到新词和句子，可以给学生布置作业，比如让学生做演讲，演讲内容可以是中国情人节和西方情人节的相同及不同之处，包括什么时候过情人节、为什么要过情人节、怎么过情人节、送什么礼物、礼物要选择什么颜色及代表了什么意义，这些意义可以体现中西方人什么样的价值观等。除了演讲，学生也可以用软件制作带有自己风格的情人节视频，学生可以先画出牛郎、织女、老黄牛、喜鹊等相关的图片，并写出汉字和句子，比如"织女在绣荷包""牛郎和织女一年见一次面"等，最后配音，就变成了一个绘声绘色的视频版的绘本了，不但可以更深刻地了解中国文化，还熟练运用了语言知识，学生会很有成就感。

　　文化内容也要贴近现实生活，要具有实用性。编写时要从学习者自身的日常需求出发，比如：在交际方面，可以介绍在中国见面如何问好、如何称呼不同行业的服务人员等；在生活方面，可以介绍在中国如何看病、交朋友等；在民族性格方面，可以介绍中国人轮流请客的方式、中国独有的"面子文化"，让学生通过了解中国人的民族性格，理解中国人的行为方式，以更好地同中国人进行交际。这些都是学生日常生活中容易遇到的现实性问题，具有很强的实用性。

6. 关于练习

充分的练习是保证学生能够掌握中文运用技能和跨国交际技能的关键，因为语言知识和语言能力不同，学习课文内容仅仅是学习了一些语言规则（知识），而只有通过大量的练习才能将这些语言知识充分消化、理解、运用，从而转化为语言能力，这是一个从"懂"到"会"的过程。而且，练习量也可以给授课老师较大弹性，老师可以根据学生的实际情况来选择需要做的练习，省时省力。因此，设置足量的练习，对学生和老师都非常有益。

根据美国《21 世纪外语学习标准》中提出的"三种沟通模式"（Three Modes of Communication），即互动交际模式（Interpersonal Mode）、理解诠释模式（Interpretive Mode）和表达演示模式（Presentation Mode）[①]，我们可以将练习设置为四个部分——听力理解、口语练习、阅读理解和写作练习，也就是听、说、读、写四个语言技能的练习。

在进行一级教材编写的时候，可以设计课堂练习和课后习题，将听、说的练习放在课堂上进行，读、写的练习放在课后。这样做的原因有两点：第一，课堂练习可以让师生、学生间即时交际互动，互动过程中练习了听、说的能力，老师可以给出即时反馈，特别是纠音，对于初级阶段的学习者非常重要。而课后练习适合学生在课下独立完成。其中阅读和汉字书写练习需要大量的训练时间，学生可以在课下独立完成。第二，课后练习可以保证练习数量。

[①] 臧娅萱，美国中文教材《中文听说读写》研究，硕士研究生毕业论文，苏州大学，2017 年，第 28-29 页。

课后练习除了阅读和汉字练习以外，也应该包括听力练习、表达练习，也就是说课后练习要包括听、说、读、写四个技能的练习。这样可以保证学生在完成课堂练习之余，在课后进行充分的复习巩固，更好地掌握听、说、读、写各项技能。

（1）呈现方式。

面向初级学习阶段的巴西学生，由于学生的中文水平较低，对于汉字的认知也比较困难。因此，编写练习题时，题干可以用葡萄牙语描述，多采用图片、漫画、视频等直观的形式来呈现情境内容。这样不但给学生减轻了压力，引起学生的兴趣，而且避免了更多生词的出现，因此教师不需要为学生做过多的解释，可以节省时间和精力，从而方便了教师的教学。

（2）课堂练习的题型。

课堂练习题型要多样，我们要有意识地将不同的习题类型加以搭配，避免学生对枯燥的机械练习产生厌烦心理。

题型可以是对话类，因为初级阶段的学习要集中在口语的表达练习上，多设计情景对话题，教师上课时可以引导学生进行对话练习。对话类题型主要是让学生两人或多人一组，根据图片信息或文字提示，依照给出的例句互相提问，比如用"……是……吗"的句式进行职业或者国籍的询问。

A：你是老师吗？　　B：_____。

A：他是巴西人吗？　B：_____。

A：你是中国人吗？　B：_____。

对话类的题型还可以加入交际任务，比如设计成采访类的对话练习，可以让学生扮演"记者"和"足球明星"，"记者"采访"足球明星"一天的作息安排。

记者：你每天几点起床？

足球明星：我每天六点半起床。

记者：你几点睡觉？

足球明星：我晚上10点睡觉。

记者：……

题型也可以是看图说话类。看图说话类可以是半开放式的，也可以是完全开放式的。半开放式的可以提供关键词，让学生用关键词说句子；完全开放式的不提供任何词汇，学生可以自由发挥。也可以让同学间做练习对话，比如展示一张巴西莓（açaí）的图片，用括号内的词语练习对话。

A：巴西莓（açaí）怎么样？（怎么样）

B：巴西莓（açaí）又好吃又健康。（又……又……）

总的来说，课堂练习要以交际性练习为主，主要训练学生的口语表达能力，在非目的语环境中，学习者在课外接触、使用目的语的情况非常少，所以只能在有限的课堂时间中尽可能多地锻炼口语，这也要求教材的讲解性内容要精简，并设计丰富的练习题类型。

（3）课后练习的题型。

上文提到课后练习应该包括听、说、读、写四个技能的练习。课后，为了训练学生这四个技能，我们以"三种沟通模式"即互动交际模式、理解诠释模式和表达演示模式为理论进行设计。

①互动交际模式的练习。

互动交际模式是一种双向的交际模式，目的是让学生能够参与对话，提供并接受信息，表达感受和情感，交流观点。可以设计问答类的题型。这类题型主要锻炼学生参与对话、表达观点的能力。比如："你喜欢喝咖啡还是茶？""圣诞节是哪一天？""圣诞节的时候，巴西人都做什么？"这些可以是文字、音频、视频的方式呈现，学生可以在网络平台上或 App 上录音回答，并提交答案，老师看到学生提交的答案后可进行评分和反馈。

②理解诠释模式的练习。

理解诠释模式是一种单向的交际模式，要求学生能够理解、翻译各种书面语和口语的话题材料。可以参考以下题型。

a. 听录音，回答问题。判断正误并选择正确的图片或文字。

b. 阅读短文，回答问题。这类题型通常是给出一篇中文短文，用葡语提出问题，题型是判断正误和多选，主要考查学生对短文的理解能力。

c. 翻译。以葡译汉为主，呈现模式多样化。比如：呈现一张真实的照片，让学生翻译照片上的葡语，如翻译咖啡馆的工作时间；给出一段葡语的对话或文章，让学生翻译；少量的汉译葡。

③表达演示模式的练习。

表达演示模式要求学生能够就各种话题给听众或读者传递信息、解释概念、表达观点。这对于初级阶段的学习者来说难度不小，所以我们可以选择简单的话题进行练习。主要包括以下题型。

a. 根据要求作答。比如请介绍自己以及家人、谈谈巴西大学生一天的生活。

b. 看图回答问题。可以选择能反映中国真实现状的照片，比如海报、宣传册、广告语等，可以对图片中的时间、地点等要素进行提问。除了练习学生的表达能力之外，也考查了学生对图片中内容的理解和信息的定位能力。

c. 写作。写作又分看图写作和任务型写作。看图写作一般是呈现四幅图片，可以是课文中对话时的照片，也可以是有前后联系的漫画，只要能展现一个完整的故事情节即可，学生可改写课文、续写课文或者重新创造等。写作题干要求学生能够顺畅地、有逻辑性地描述图片，包括故事的开端、过程和结尾。任务型写作一般是布置给学生某项任务，让学生在实践中更好地练习和掌握所学知识。比如关于中国文化的内容，如中国的中秋节，可以要求学生上网收集相关节日信息，并用中文写出来后向其他同学进行介绍说明，要求至少使用学过的两种句式、5个生词和短语进行写作。

五、课程时长如何分配

根据上文中定性和定量的初步分析，可以看到，完成一级的教材内容编写，共需要设计14课，上文中一直说的是13课，多加的一课是拼音知识。从第2课开始，每课包括一个200~270字的对话体课文，38.5个词汇及视频讲解，3.69个语法点呈现及讲解，23个汉字和若干偏旁部首的讲解，1~2个文化知识点的讲解，有针对性的课堂练习和课后练习。每一项的学习或练习都有固定的时长，这个时长暂且根据项目的数量设定如表3-3所示。

表3-3　巴西成人网络中文教材一级课程项目及时长一览表

内容	呈现形式	数量	时长/分钟
对话体课文及讲解	可点击式电子书、视频	200~270个字	30
词汇及讲解	可点击式电子书、视频	38.5个词汇	50
语法点及讲解	可点击式电子书、视频	3.69个语法点	20

续表

内容	呈现形式	数量	时长/分钟
汉字及讲解	可点击式电子书、视频	23个汉字、若干偏旁	25
文化知识点及讲解	可点击式电子书、视频	1~2个文件	15
平台课堂练习题	网页版、手机App	若干	100
每课总时长			240

从表3-3呈现的数据来看，从第2课开始，每课上课时长为4个小时，第1课拼音的讲解和练习初步设想也用4个小时，也就是从第1课到第14课每课都用4个小时，总共需要56课时。另外，还需要增设两次复习和考试的内容，比如：1到14课，学完第7课就进行一次复习，也就是期中复习，初步设想用4个小时进行复习和考试；学完第14课进行总复习，也就是期末复习，初步设想用4个小时进行复习和考试。完成一级教材的全部教学内容需要64个小时，以伯南布哥大学孔子学院为例，成人学生每个学期64课时（1课时按1个小时计），一个学期可以学完、学好一级的网络中文教材。

在信息时代，我们应该充分发挥信息技术的优势，充分利用多媒体信息技术、网络多媒体技术和社交媒体技术，开发并运用包括音像资料、电子资源等一切可用于教学的材料，将教材的内容扩展到更加广阔的空间，才能有更高的实效性，提高巴西成人学生的中文语言能力和交际能力，发展汉语国际推广事业。

第四章
巴西东北部国际中文教学方法研究

自2008年在巴西建立第一所孔子学院开始，巴西的国际中文教学工作在这十多年里逐步发展起来。但相比于世界其他地区，他的发展速度相对较慢，针对巴西学生的相关研究也不多，特别是针对巴西东北部国际中文教学方法的研究更是少之又少。2021年4月，由教育部中外语言交流合作中心主编的《国际中文教育中文水平等级标准》（以下简称《等级标准》）出版，为国际中文教学的长远发展创新了新范式、找到了新路径、建立了新规则。[①] 笔者认为，在新《等级标准》要求下，对巴西东北部国际中文教学方法进行研究更具有现实意义。

通过研读文献资料、整理孔子学院教师教案、听课记录、学生作业、试卷、课堂练习材料等内容，再结合自身的教学实践经验，笔者介绍了巴西东北部学生学习中文的现状及存在的问题。笔者意在通过具体教学案例分析和教学方法展示相结合的方式，探讨如何在《等级标准》的指导下更加有效地在巴西东北部开展中文教学。

---

① 刘英林、马箭飞、赵国成，《国际中文教育中文水平等级标准（国家标准·应用解读本）》，北京：北京语言大学出版社，2021年，第1—10页。

一、现阶段研究情况

正所谓"一方水土养一方人",笔者发现,有大量的文献资料是从不同国家或地区学生的中文学习情况入手的,同一种教学方法或许因为受到某一语种、某一国家或某一地区具体特点的影响而有不同的效果,因此,我们也能看到一些教学方法的通用性和局限性。

笔者通过浏览和检索中国知网、万方数据库、中外语言交流合作中心官网等网站,阅读查找《汉语国际传播研究》《孔子学院研究》《世界汉语教学学会通讯》《国际汉语教育》等与汉语国际传播研究相关的部分刊物后发现,关于巴西学生中文学习情况的研究,可以将相关文献大致分为以下几类:一是总体分析巴西国际中文教学的情况,包括中文传播与发展的历史、现状及趋势,指出存在的问题及解决的办法;二是调查学生的学习动机;三是重点关注"三教"问题,如研究所使用的国际中文教材、课程大纲的设置、部分教学方法的应用等;四是从语音、词汇、语法、汉字、文化等方面入手,具体研究巴西学生学习中文过程中遇到的问题(多为偏误分析)并提出解决方案。

二、本章的研究对象及方法

本章以巴西东北部的伯南布哥大学孔子学院为切入点,结合最新发布的《等级标准》,通过整理和分析教师教案、听课记录、学生作业、学生录音、考试试卷等内容,将教学方法与真实案例相结合,对巴西东北部汉语教学方法进行研究。

2022年第一学期伯南布哥大学孔子学院线上注册学生共170人，汉语教师10人，其中包含本土教师1人。孔子学院学生以大学生为主，还有少部分社会人士和华裔青少年，共分为20个班级，含一个中国书法班和中国国画班。除了正常课程之外，孔子学院每周都会举行讲座或者其他文化活动，加强与学生之间的互动，帮助他们更好了解中国文化。

三、学生汉语学习中存在的问题

笔者通过收集、整理、分析相关教学资料，再结合自身的教学实践经验，将现阶段巴西东北部学生在中文学习过程中存在的难点和问题，按照《等级标准》中"四维基准"内容分为以下四个方面进行表述。

《等级标准》的内容是非常具体的，可以简单概括为：将学习者中文水平分为"三等九级"，以音节、汉字、词汇、语法四种语言基本要素构成"四维基准"。[①]

（一）音节问题

音节教学是中文教学的第一步也是至关重要的一步，是学习和运用中文的基础。我们都知道，一个人的发音一旦定型，以后就会很难改变，所以音节教学从一开始就必须要严格要求，避免今后出现"洋腔洋调"。

---

① 刘英林、马箭飞、赵国成，《国际中文教育中文水平等级标准（国家标准·应用解读本）》，北京：北京语言大学出版社，2021年，第1—10页。

根据前人的研究成果和自身教学实践经验，笔者总结巴西东北部学生在音节方面存在以下几个问题。

（1）很多同学不能区分送气音和不送气音，特别是在网络教学中，很多学生在听力和发音时会出现这样的问题，特别是 d—t，j—q，z—c 这三组。

（2）-n 和 -ng 前后鼻音混淆：这不仅仅存在于巴西学生语音学习过程，也在其他国家学生学习过程中发现了这一问题。部分学生受到英语或者葡萄牙语的影响，发音不准，特别是 -on，-in 和 -ong，-ing 这两组；有的学生会将词尾或者句末里包含"-ng"中的"g"读出来。比如：在"很多中国人喜欢龙（long）"这句话中，"中国"的发音没有问题，但是"龙"的后面容易读成"龙 g"；在介绍 2022 北京冬奥会吉祥物"冰（-ng）墩（-n）墩（-n）"时，学生的发音几乎都不标准。

（3）声调发音不准确：大部分同学单音能发准，就是指在我们单独讲练音节时，学生的发音一般都是标准的，但把单音放在词语、句子中后，难度就提升了。特别是二声，当二声的音节放在句子中连读时 2+2（数字代表调号，下同），学生经常读不准，第二个二声音调升不上去。比如："我是葡萄牙人"，这个句子中有四个二声连读，学生在读"葡萄牙"这个词语的时候，"牙"的发音是不准确的，听起来像一声。另外还有二、三声连读的情况，如"你好"是 2+3，在初期会读成 2+4 或者 3+4 的形式。这既是声调的问题，也是节奏韵律方面的问题。

（4）拼音认读不准确：声母中"j、q、x"和"z、c、s"这两组的发音是难点，还有整体认读音节"zi、ci、si"的读音，学生经常将"j"和"z"混淆，如"子（zǐ）女"会读成"ji"。有时候学生容易将"yu/yun/yue"中的 ü 认成 u，因为受到"ye"的影响。在查听初级阶段零基础的学生课后拼音练习作业时，听学生的口语录音，笔者发现他们普遍无法准确发音。

附：练习题

```
zú jì    fù zé    zǐ sè    zì mǔ
zǔ fù    lā sà    sù dù    cí qì
tǔ sī    zì jǐ    zì sī    zǐ nǚ
```

（5）拼音书写不规范：部分音节书写不正确，音节标调位置不正确，如 ei 和 ie，ui 和 iu 等。

（二）汉字问题

汉字是国际中文教学中最常见、最有特点，也是最容易让学生感到难而又无法避免的内容。区别于其他文字，汉字是形、音、义的统一结合体。在同一个音节下，我们通过汉字来区别意义。在国际中文教学中，学生在初级阶段可以依靠拼音来进行拼读，但升到中高级之后，汉字便成为学生听得懂、学得好中文的必备工具。

巴西东北部学生的汉字教学大都安排在综合课中，以简体字的听说读写为主。通过整理、分析学生的作业和试卷，笔者发现在现阶段，学生在学习汉字方面存在以下几个问题。

（1）学生对汉字掌握得不够准确，对很多简单的汉字有印象，但是辨认出来很难，特别是巴西初中级阶段的学生，这种问题表现得比较明显。

（2）学生普遍说得多、写得少，特别是信息技术快速发展的时代背景下，很多学生依靠翻译软件和拼音键盘，对汉字的识记和书写不够重视。

（3）独体字书写相对较好，但是对左右结构、包围结构、上中下结构等笔画较多、结构较为复杂的汉字书写还是不够规范。

（4）增笔、减画的现象比较多见，笔画书写不到位。如："牛奶"的"牛"写成"午"；"我"少写笔画提；"弟"少写或写短笔画撇；"两"写成"两"；"几"的竖弯钩书写不规范，写成"几"等。这些常见的书写问题的案例均来源于初级阶段学生日常练习和考试中。

（5）存在畏难心理，学生觉得汉字书写起来太难了，所以课后就干脆放弃练习书写汉字。

（三）词汇问题

词汇作为语言三要素之一，是学生丰富表达的基础。词汇就像是衣服一样，不同的场合需要不同的面貌来展示其含义，或朴实，或华丽。词语表中大部分词汇都已标注词性，而离合词、成语、常见用语等没有标注。现阶段，巴西东北部学生在词汇方面存在的问题如下。

（1）助词："了、着、过""呢、吗、吧"等助词。特别是"了"这个助词，初级阶段涉及三种用法：用在动词或形容词后面，表示动作变化或已经完成；用在句子的末尾或句中停顿的地方，表示事态发生变化或出现新的情况；表示动作完成并且事态已有改变。很多学生容易产生偏误。

（2）量词：量词的存在是中文区别于葡萄牙语的特点之一，这同时也给国际中文教学带来了挑战，本部分的教学也常常涉及语法。在学生还不熟悉的阶段，存在量词缺失的情况，如"我家有三人"这样的句子。熟悉后，量词在句子中的位置比较简单，因此学生对于"放在哪儿"比较清楚；但是因为搭配比较多，根据名词的不同，量词也需要变化，这一部分的内容比较多，所以学生对于"怎么用"觉得比较难。例如，学生在学习量词"个"之后，存在泛化使用的现象，在造句中出现了"我的弟弟有两个狗""我有一个中文书"这样的句子。

（3）由于没有专门针对巴西的教材，现在所使用的都是葡萄牙语教材或者是翻译成葡萄牙语的教材，所以很多词语是直译的。但在国际中文教学中，有些词汇在不同的句子和搭配中会有不同的含义，如"看""打"等词。教师和学生不能仅依靠直译去理解本词汇和这个句子的含义。中文词语中的某个词跟葡萄牙语里的某个词在意义上有联系，但用法却不相同，学生如果把它们等同起来，就会造成偏误。

（4）离合词及习用语：中文里面有很多离合词，在使用过程中又没有完全统一的规则，所以这部分内容也成为词汇教学的难点之一。习用语一般是固定的常用结构，有一些可以讲解其意思，有一些则无法通过翻译来解释，只能放在上下文中体会。

（5）另外，部分情态动词、趋向动词在理解上也是教学难点，这一部分往往和语法教学相关联。

（四）语法问题

语法方面的问题主要是通过偏误表现出来的，鲁健骥把偏误分成四种类型：误加（添加）、遗漏、替代（误代）、错序。[1]后来，又有学者提出了"句式杂糅"这一偏误类型。本章根据这五个方面对巴西东北部学生出现的语法偏误进行分类，以下例句均来自学生的作业和课堂练习。

---

[1] 鲁健骥，《外国人学汉语的语法偏误分析》，《语言教学与研究》1994年第1期，第49-64页。

（1）误加（添加）：也称多余，在这些语法形式中，通常情况下可以或必须使用某个成分，但当这些形式发生了某种变化时，又一定不能使用这个成分。[①]

①明天下午我们有上课。（明天下午我们上课，或是明天下午我们有课）

②你这个包放得不下这么多好吃的。（你这个包放不下这么多好吃的）

（2）遗漏：遗漏偏误指由于在词语或句子中遗漏了某个或某几个成分导致的偏误。[②]主要体现在初、中级学生的写作和口语表达上，因为语言习惯和思维的不同，或者语法掌握得还不够熟练，遗漏了某些成分而造成偏误。

①我最喜欢颜色是绿色。（我最喜欢的颜色是绿色）

②她被手机醒了。（她被手机吵醒了）

（3）替代（误代）：替代偏误是"由于从两个或几个形式中选取了不适合于特定语言环境的一个造成这两个或几个形式，或者是意义相同或相近，但用法不同；或者只是形式上有某种共同之处（如字同），而意义和用法不同；或者是用法相同，意义相反"[③]，而造成"张冠李戴"的现象。常见的偏误类型有：词性的误代、关联词的误代及否定副词"不""没有"的误代。

①我家不有2个狗。（"不"和"没有"的误代；量词"个"的泛化）

②你还在巴西或回去中国了？（关联词"或者"和"还是"的误代）

关于巴西学生使用关联词"或者"和"还是"的偏误，经婷婷在其硕士论文《巴西中高级汉语水平学生选择连词"或者""还是"的习得偏误研究》（2021）中做了详细的分析，找出了偏误的五点原因，并提出教学建议。

（4）错序：指的是由于句中的某个或某几个成分放错了位置造成的偏

[①][②][③] 鲁健骥，《外国人学汉语的语法偏误分析》，《语言教学与研究》1994年第1期，第49-64页。

误。①由于受到葡萄牙语和英语的影响，巴西东北部的学生习惯用自己的语言思维去组成汉语句子，词语位置不正确从而导致语法上的偏误。常见的偏误主要是将状语置于句末。

①很多中国人喜欢起床很早。

②他是学习在大学。

（5）句式杂糅：是指将两种或者几种句法混淆在一起使用，不同的句法结构混杂在一个表达式中，结果造成语句结构混乱、语义纠缠，这样的语病就叫杂糅。句式杂糅又称为结构混乱。

①我最近学得很忙。（我最近学习很忙，或是我最近学得很好）

②我们班的中文学习者大多是以巴西大学生为主。（我们班的中文学习者大多是巴西大学生，或是我们班的中文学习者以巴西大学生为主）

四、教学方法在课堂中的具体运用

教学法或教学方法的研究是在实践中产生的，又作用于教学实践。根据前一章介绍的巴西东北部学生在中文学习过程中存在的问题，本章根据《等级标准》的"四维基准"内容将案例分为语音教学、汉字教学、词汇教学、语法教学四个方面，结合具体的教学方法来解决国际中文教学中存在的部分问题。

---

① 鲁健骥，《外国人学汉语的语法偏误分析》，《语言教学与研究》1994年第1期，第49-64页。

（一）语音教学方法

语音教学几乎是所有国际中文教学的第一课。所以，国际中文教师应该向学生整体介绍拼音和拼音的作用，分类讲解声母、韵母和声调。巴西是以葡萄牙语为母语，"h"在葡萄牙语中是无音字母，可以组成复合字母 ch、lh 和 nh；但是在汉语拼音中，按照发音部位，"h"属于舌根音，是有音的，因此在教学时需要注意。

1. 声母

（1）不送气音—送气音。

普通话声母共有 21 个辅音，学生比较容易掌握大多数声母，但还存在送气和不送气的问题。大部分老师采取的是吹纸条、手心感知气流等方法来讲解和练习，也有使用对比法让学生练习听说。

成组的有：

| b—p | d—t | g—k | j—q | z—c | zh—ch |

我们要准备相关语料来加强练习，可以是两组音节或两组词汇的对比练习，也可以是放在一个词汇里两个音节的对比练习。具体练习如下：

bō—pō	bǎole—pǎole	dǒng—tǒng	dì—tì
guò—kuò	gēqǔ—kějǔ	jù—qù	jīqì—qíjì
zài—cài	zìjǐ—cìjī	zhèng—chèng	zhù—chù

这种方式可以很直观地帮助学生认知和练习不送气音和送气音。

如果想更具有趣味性，可以用"拍苍蝇""找朋友"等方法锻炼学生的听读能力；也可以借助简单的绕口令和相声中的贯口等形式增加难度。这些教学方法的使用主要是想调动学生学习的兴趣，不做内容理解上的要求。

例：绕口令（练习 d—t、zi 和声调）。

dà tù zi, dà dù zi,

大 兔 子，大 肚 子，

dà dù zi de dà tù zi,

大 肚 子 的 大 兔 子，

yào yǎo dà tù zi de dà dù zi.

要 咬 大 兔 子 的 大 肚 子。

（2）舌尖前音—舌尖后音—舌面音。

中文拼音中这三组音的对立为：

| z—zh—j | c—ch—q | s—sh—x |

一般来说，我们会将上述声母分为"z—c—s""zh—ch—sh""j—q—x"这三组形式来进行教学。分组教学过程中，学生一般都掌握得不错，但是，当我们对拼音进行整合练习时，时常会发现这几组发音有相互混淆的现象，所以才有"舌尖前音—舌尖后音—舌面音"的分组形式。如上文所说，这种情况一般也是使用对立语料来帮助学生进行听说练习，同时不能忽视整体音节的发音，即："zi—ci—si""zhi—chi—shi""ji—qi—xi"。具体练习如下：

| zhúzi—júzi | cíqì—chíxù | hěnshǎo—hěnxiǎo | xīzhǐ—shīzi |

以上两点是很多巴西学生遇到的声母发音难点，我们要结合学生的实际情况及时纠正，不断练习。

2. 韵母

中文拼音的韵母分为单韵母和复韵母。大多数老师在教学中使用夸张示范法、对比练习法、听说法、游戏法等。

笔者在教学中首先将单韵母和复韵母进行了分类，并告诉学生每个音节的发音都是不同的，需要独立掌握。具体分类形式如下：

单韵母	a	o	e	i（yi）		u（wu）		ü（yu）
复韵母	ai	ong	ei	ia	in	ua	ui(uei)	üe
	an	ou	en	ian	ing	uai	un(uen)	üan
	ang		eng	iang	iong	uan	ueng	ün
	ao		er	iao	iou/iu	uang	uo	
				ie				
课程设置	第一课	第二课	第二课	第三课	第三课	第四课	第四课	第五课

单韵母中，巴西东北部的学生掌握得都比较好。

在复韵母教学中，笔者始终强调拼写和标调规则，这种整体认读的方式可以帮助学生整体记忆。单独音节记忆准确后，再进行拼读、听力、对比练习、书写练习等。

在练习环节，要注意前后鼻音的发音，经常使用的方法有补写声母（或韵母）、判断等听力练习和对比朗读练习。

例：前后鼻音练习。

心情	信息	人名	人民
帮忙	汹涌	奔腾	信仰
曾经	成长	红船	朗朗

例：纵向对比练习。

ma	na	la	da	ta
mang	nang	lang	dang	tang
mian	nian	lian	dian	tian

3. **声调**

声调在中文使用中有区别意义的作用，声调是否标准可能会直接影响整个句子要表达的意思。因此，声调教学是国际中文语音教学中的重点和难点。大部分教师在上课初期会先讲解声调的作用，中文声调一共有四个声调和一个轻声，采用的例子几乎都是"妈、麻、马、骂"这一组。但笔者认为，这四个字在讲解时很难解释意思，中文是音、形、义相结合的语言，我们应该选择更具代表性的例子，比如"汤、糖、躺、烫"。这一组例子既便于解释和理解，又练习了声调、送气音"t"和后鼻音"-ng"。

声调教学中我们通常会利用手势法来讲解或提醒学生调值的变化，同时要关注三个特殊变调的教学内容："3+3"的变调、"不"的变调和"一"的变调。声调教学一般都是通过举例法、归纳法进行讲解，并通过课文中的词语、句子进行练习。

除此之外，"轻声"也是中文语音教学的重点。一个字读不读轻声其实也是可以区分意义的，如"孙子"的"子"，读三声还是轻声是不同的含义。"轻声"并不是气音，它往往是在词语、句子的中间或结尾处，读得很短。比如："你的、来了、耳朵、妈妈、爸爸、来不来"等。

声调的练习最好是多读双音节、多读句子和课文，多做听力练习，磨磨耳朵，这样可以让学生更好地体会并读准声调。

（二）汉字教学方法

《等级标准》中提出：汉字认读与手写适度分离、手写汉字从少到多有序推进，并根据汉字的流通度、构词能力、构形特点和书写难易度等，将 1200 个汉字分为初、中、高三等。①

在汉字教学初期，教师应先向学生介绍汉字的重要作用，但是不要直接定义或者告诉学生"汉字很难"，最好是传达"汉字很有意思"这个观点。教师自己要调整心态，克服"汉字教学难"这个固定思维；最好是在教学初期向学生展示有代表性的象形字，以动态的方式展示汉字从图到字的变化，引起学生的兴趣后，再开始汉字教学，循序渐进。

对汉字的教学可以从识记和书写两个方面入手，具体可以采用以下的教学方法。

1. 笔画、笔顺、偏旁、部首的教学

在课上，教师要讲解这个汉字的结构、部首或部件，展示书写笔画、笔顺，可以先从基本笔画开始，介绍横、竖、撇、捺、点、竖折、弯钩等。一定要书写标准，然后根据所学的笔画进行组合，从笔画简单的独体字入手，练习汉字，比如：一、二、三、十、六、中、口、儿、几、你等。笔者认为，在讲解时，可以结合造字法，尽可能多地识记独体字。在起步阶段，我们经常使用演示法来教学生笔画、笔顺，可以由教师现场书写或者视频直播的方式直接演练，也可以在课件中插入 GIF 图片来展示汉字的书写步骤。每节课可以教授 3～5 个汉字。

---

① 刘英林、马箭飞、赵国成，《国际中文教育中文水平等级标准（国家标准·应用解读本）》，北京：北京语言大学出版社，2021 年，第 3 页。

2. 整体教学

整体教学是指可以根据课程的设置和需要，先对汉字的模样、用法和含义有个整体认知，然后再进行讲解和书写教学。例如，第一、二节课里学生一般都会学习打招呼"你好""再见"等，或者自己国家的名称如"中国""巴西"等词汇，教师可以根据这样的内容先教授汉字"你""好""巴""西""中"，而且这几个汉字笔画和结构也都不复杂，这样做很容易引起学生的兴趣，鼓励他们进行汉字书写。

在讲解结构复杂的汉字时，可以采用"解字"的方法，根据汉字所表达的意义，将汉字赋予时代意义进行讲解，以点带面，方便学生记忆。通过学生学习动机调查，"兴趣""有意思"是他们学习汉语非常重要的动机，所以我们要合理利用，将其转化为学习汉字的动能。

课后要将汉字作为作业布置给学生，一般使用临摹法，设计方块格，让他们真正做到讲练结合，规范汉字写法。当学到部件相同的汉字时，就可以用总结归类法，将偏旁或者部首相同的汉字进行归类。按偏旁归类如表4-1所示。

例：根据造字法和归纳法来帮助记忆、理解汉字和相关词汇。

表 4-1　按偏旁归类

偏旁	基本含义	汉字或词汇
女	Female, Girl	奶奶、外婆、妈妈、姐姐、妹妹、弟妹、女儿、儿媳、孙女等
父	Father	爷爷、爸爸、父亲等
夫	Man, an Adult Male	丈夫、姐夫、妹夫等
子	Infant, Boy, Child	儿子、子女等

当然，除了以上这种归类方法，我们还可以根据汉字结构、汉字含义（多为独体字）、部件类别等进行归类。另外，也可以借用识字卡片、以旧带新、看部首写汉字等方法学习汉字。

例：根据偏旁部首归纳汉字。

人（偏旁亻）：他、你、们、价、仅、传、伤。

心（偏旁忄）：快、慢、怕、情、怪、怀、惨。

3. 多种教学方法相结合

到了中高级阶段，学生已经可以认读和书写一定数量的汉字，那么很容易发生混淆，因此要注意同音异形字（如"的、地、得"的使用）和形近字的辨析。在课堂上可以使用一些复杂但有趣的练习形式，可以采用对比分析法、扩展法、游戏法等方法，帮助学生区分和学习这些汉字，增加汉字学习的趣味性。具体举例如下。

（1）扩展法、发散法：这两种方法通常结合在一起使用，利用学生发散思维进行扩展，调动学生已有的汉字储备，在纵向和横向上都能得到锻炼。例如，学习汉字"盟"（《等级标准》中的六级汉字），如表4-2所示。

表4-2 学习汉字"盟"（《等级标准》中的六级汉字）

	组词	盟友、联盟、盟约、欧盟等	
盟	同音字	懵（1）、蒙（2）、檬（2）、梦（4）等	
	明	组词	明天、明年、明白、光明等（可以扩展到其他时间词）
		部件"日"	阳、昨、时、早、晚、晴、暖等
		部件"月"	脑、朋、肚、肥、脸、服、肤等（可以归类到与身体有关的字词）

续表

		独体字	器皿
盟	皿	部件①	盖、盐、盘、盒、盆 （可以扩展到其他餐具上）

表4-2中所举例的字都是在初级（1、2、3）和中级（4、5、6）中学过的词，可以借助新汉字来复习或者组成新的词汇。

（2）填空法：可以看作是一种游戏方法，其实这个方法是需要学生掌握一定的汉字词汇量，在思维发散的基础上，结合词汇教学而设计的一种趣味性更强的教学方法。

例：在空格中填写合适的字，与左右两侧的汉字都能组成词汇。

①学＿校＿园。

②飞＿机＿会。

③城＿市＿长。

④压＿力＿气。

例：请结合中心字，添加部件（或部首），构成新字。

	曾	
阳	日	暖
	冒	

当然，这类可以构成其他汉字的独体字并不多见，所以这就需要教师经常总结。

---

① 部件是指皿字本身。

（3）对比分析：多音字辨析、形近字辨析、一字多义等。

例：写出下面汉字的不同读音并组词。

大：大（dà）小　大（dài）夫

着：笑着（zhe）　着（zháo）急

背：后背（bèi）　背（bēi）包

重：体重（zhòng）　重（chóng）复

长：长（cháng）短　长（zhǎng）大

而汉字的教学离不开词汇、句子和课文的教学，一定要好好利用这些环节，时刻注意强调汉字的认读和书写，丰富汉字练习形式。比较常见的形式有：修改句子或者词汇中的错别字、猜字谜、组词接龙等。

例：请找出下列句子中的错别字并修改。

我和妈妈经长去逛公园。错别字：（长）改为（常）

令天是中国的传统节日——春节。错别字：（令）改为（今）

针炙是一种中国特有的治疗疾病的手段。错别字：（炙）改为（灸）

例：猜字谜，其实更多的是一种游戏，一般情况下，国际中文教师给出的谜面和谜底都不是特别复杂的。

①九点。（丸）

②一大二小。（奈）

③人无信不立。（言）

④有两个动物，一个在水里，一个在山上。（鲜）

⑤山上还有山。（出）

通过以上的案例可知：教师应结合课堂实际设计多种形式的教学环节，运用多种教学方法实现汉字的有效教学。

除了课堂学习和课后作业之外，也应该设置相关课程进行强化。伯南布哥大学孔子学院的课程设置以综合课为主，同时又单独设立了中国书法这门课程，教授硬笔和软笔书法。教师从笔顺、笔画、部首、部件等几个方面都对汉字有全面的讲解和介绍，通过视频直播的方式亲自示范，和学生一起写，并且通过实时点评进行纠正指导，起到非常好的效果，我们经常能够看到学生们书写的作品，增强了学生们学习汉字、学好汉字的信心。同时，伯南布哥大学孔子学院也经常举办相关文化活动，帮助巴西东北部的学生进一步接触汉字，感受其魅力。

当然，汉字学习最重要的方法就是要不断地练习，多看多写才是解决"汉字难"这个问题的标准答案。其实，很多学生在上完课之后都反映汉字很有趣。教师除了给学生布置单独的汉字作业以外，还可以将汉字练习和句子练习、写作练习放在一起，并且增加测试的形式，如听写汉字、词语、短语、小句、作文，还有互动性比较强的"拍苍蝇"游戏、看部件写汉字、根据声旁写形旁等方式进行练习，同时，要及时给学生纠正，重点强调正确写法和形式，加深他们的印象，不要过度强调学生错误。我们要认识到，即使是土生土长的中国中学生或者是成人在平时书写时也会犯一些错误，作为教师一定要有耐心和细心，帮助学生打好基础。如果能做到每天练习、每天听写，初级阶段可以是单独的汉字或者词汇，中高级阶段可以听写句子，那么汉字的学习也会变得容易许多。

（三）词汇教学方法

词汇教学要涉及词性、含义、搭配、辨析等方面，是集音节、汉字和语法于一身的重要内容，因此，我们必须要重视且做好词汇教学。

1. 翻译法讲义项

在初级阶段，词汇教学往往代表着语法教学，在《等级标准》里我们也能明确地看到，初级语法点共210个。包含一级语法点48个，二级语法点81个，其中大部分是以词汇为中心的语法点，涉及的语法结构形式比较简单。因此，这一部分的词汇教学主要以语法功能为主，词汇的教学其实就是语法教学。这类词语以虚词为主。在这个阶段，很多老师使用直接翻译法去讲解。但要注意的是，有些词语并没有准确的、一一对应的外语翻译，这种情况就不能使用直译法；而且，因为掌握葡萄牙语的老师数量比较少，所以在课上很多老师使用英语作为中介语，那么这个过程中，又不可避免地会有理解上的差异，导致词汇学习不够准确。笔者认为，在词汇教学时要结合具体语境去学习，把课文出现的义项先讲出来。然后结合学生的具体情况，决定是否要扩展其他义项，尽量用简单易懂的中文去讲解。

例：《当代中文（葡萄牙语版）》中第四课的动词"看"，因为其义项比较简单常见，且很多词汇在前三课学过，所以就把这四个义项都讲给学生。

通过上面的例子我们知道，这些词语的讲解都不应该脱离句子，要让学生感知到词义和语义的区别。特别是在讲解动词、形容词、量词的时候，词汇搭配是非常重要的。

生词 word

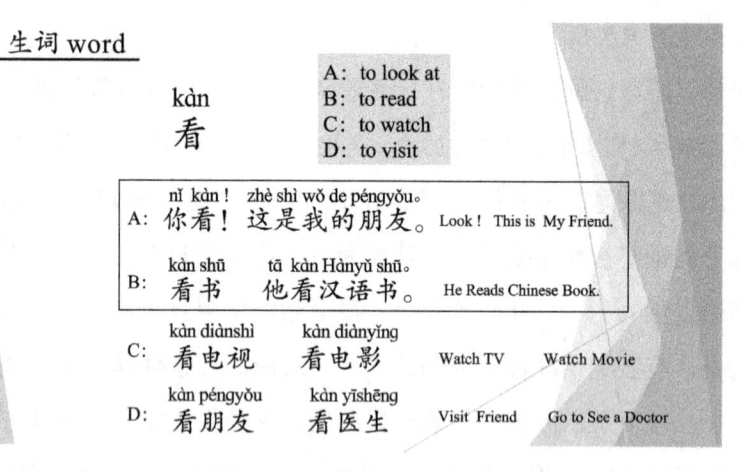

kàn 看	A: to look at B: to read C: to watch D: to visit	
A:	nǐ kàn! zhè shì wǒ de péngyǒu. 你看！这是我的朋友。	Look! This is My Friend.
B:	kàn shū tā kàn Hànyǔ shū. 看书 他看汉语书。	He Reads Chinese Book.
C:	kàn diànshì kàn diànyǐng 看电视 看电影	Watch TV Watch Movie
D:	kàn péngyǒu kàn yīshēng 看朋友 看医生	Visit Friend Go to See a Doctor

图 4-1 翻译法讲义项举例

例：注重词语搭配。

动词搭配：打鼓、拉小提琴、弹古筝、吹笛子、弹钢琴等。

量词搭配：一本书、两本词典、一张地图、两块蛋糕、三条裤子等。

2. 归类法

归类法指把同类词或者相关联的词放在一类，可以进行词汇扩展，也可以作为复习总结。这种方法在语音教学阶段其实就可以使用。

在语音教学阶段，我们已经练习了很多与颜色、动物相关的词汇，那么在词汇教学阶段就可以进行归类总结，学生可能还没有掌握汉字的书写方式，但是听和表达不存在问题。

例：语音教学中的词汇归类。

颜色：白、红、黑、灰、粉、黄、绿、紫。

动物：猫、狗、鸡、鸟、鱼、熊、熊猫、鹰。

当学了一些词汇后，我们还可以根据语素或汉字来进行复习归类。

例：同一汉字不同语素归类。

天：今天、昨天、明天、星期天（表示时间）。

天：晴天、阴天、雨天（表示天气现象）。

3. 扩展法

扩展法，这是一种非常常见且常用的方法，往往和归类法、联系相关词语等结合在一起使用，讲解新词、扩展词汇量、复习总结时都可以使用。

例：利用语素扩展。

学校：学习、学生、大学（可以扩展到具体内容：老师、书本、说哪国话、是哪国人等）。

足球：守门、踢、跑（可以扩展到爱好：唱歌、跳舞、画画、做饭、跑步、爬山等）。

这种扩展的方法可以帮助学生丰富他们的词汇量，进而能够表达更多的内容。

到中高级教学阶段，我们更应该注意词汇的搭配和辨析，其中近义词辨析或者语法功能相近、意思相近词语的辨析会比较难一些。通常会采取情景教学法、总结归纳法、对比分析法等。

例："认识、知道、了解"这三个词都可以翻译成"to know"，但是具体用法却不同，这些都要放在具体句子中去体会，教师要准备非常多的语料，帮助学生体会和发现不同，从而去总结不同并可以正确使用这些词。

（1）我认识你，可是我不了解你，我不知道你喜欢吃什么。

（2）我认识这条路。

（3）我知道北京。

（4）你了解北京的文化吗？

进行词语辨析时，要结合词语的特点，从词义、用法、感情色彩、语体色彩、搭配等方面，进行比较，多找些语料，结合情景，让学生清楚怎么使用、分辨差别。

4. 对比法

教师要有意识地在课堂上重现词义相对的词汇并进行归纳，如《当代中文（葡萄牙语版）》中第二、三课的词语："大—小""多—少""便宜—贵""远—近""买—卖""难—容易""有意思—无聊"等。同时，也可以用反义词来辨析一些近义词。

5. 新词拓展

对于一些反映中华民族特定事物、文化的词语、成语、俗语、惯用语等，教师需要结合相关文化常识一并介绍给学生。除了特定的节日、民俗外，也可以根据需要介绍一些时事词语，如高铁、刷卡、社区、二维码、丁克、上班族、黄金周等，通过视频、歌曲等形式，让词汇教学能跟上时代的脚步、中国的发展，这样也更有利于学生了解当今的中国。

（四）语法教学方法

在初级阶段，语法点的讲解往往就是讲词。通过整理老师教案和听课记录可以发现，很多老师采用的是公式法、对比分析法、情景法、任务教学法。

例：《当代中文（葡萄牙语版）》第四课、第五课通过对比分析法和情景法讲解"能"和"会"，词不离句（见图4-2、图4-3、图4-4）。

语言点 Language Points

huì 会 Modal Verb can, to be able to	néng 能 Modal Word can; may
Somebody ＋（不）会 ＋ Verb.	Somebody ＋（不）能 ＋ Verb.
① is used **before** a verb	① is used **before** a verb
② to indicate acquiring an **ability through learning**	② to indicate **an ability** or a possibility
nǐ huì shuō Hànyǔ ma? 你 会 说 汉语 吗？ tā huì dǎ lánqiú。 他 会 打 篮球。 tā bù huì xiě Hànzì。 她 不 会 写 汉字。	nǐ néng shuō Hànyǔ ma? 你 能 说 汉语 吗？ wǒ néng zuò zhèr ma? 我 能 坐 这儿 吗？ tā bù néng qù dǎ lánqiú。 他 不 能 去 打 篮球。

图 4-2　语言点举例 1

语言点 Language Points

compare

ability
- huì 会 — to indicate acquiring an **ability through learning**
  我会写汉字。
- néng 能 — reach a certain **level or degree**
  我能写十个汉字。

néng 能
- Possibility: 你不能游泳。
- Ask for Permission: 能……吗？　我能坐这儿吗？

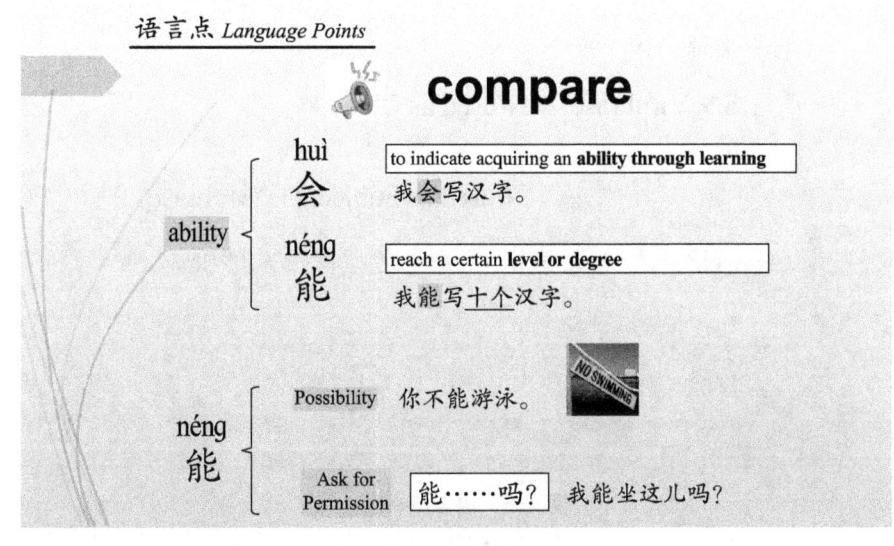

图 4-3　语言点举例 2

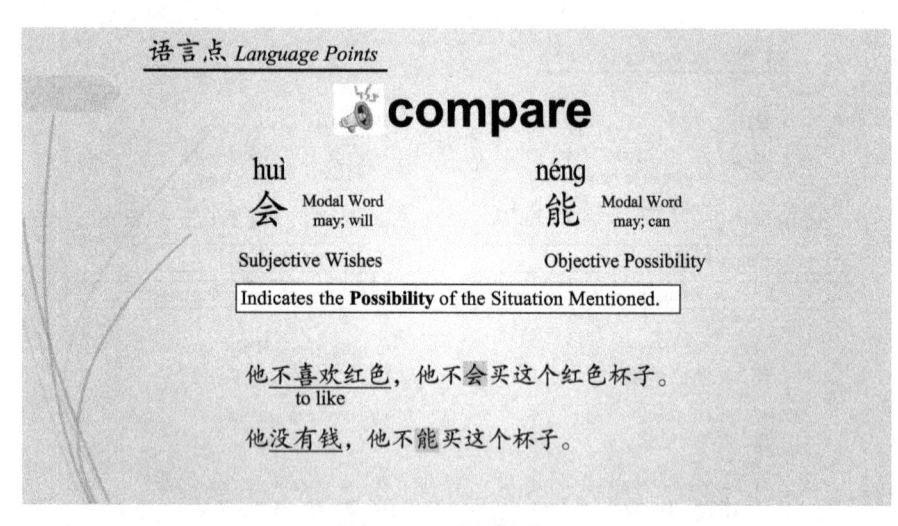

```
语言点 Language Points
              compare
   huì                       néng
   会  Modal Word            能  Modal Word
      may; will                 may; can
   Subjective Wishes         Objective Possibility
   Indicates the Possibility of the Situation Mentioned.

   他不喜欢红色,他不会买这个红色杯子。
      to like
   他没有钱,他不能买这个杯子。
```

图 4-4　语言点举例 3

例:《当代中文(葡萄牙语版)》第三课公式法讲解兼语句(见图 4-5)。

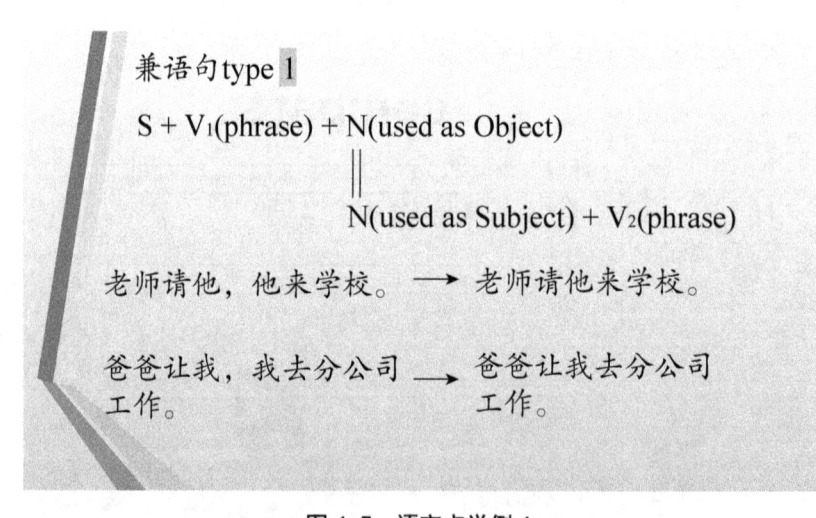

```
兼语句 type 1
S + V₁(phrase) + N(used as Object)
            ‖
            N(used as Subject) + V₂(phrase)

老师请他,他来学校。 ⟶ 老师请他来学校。

爸爸让我,我去分公司   ⟶ 爸爸让我去分公司
工作。                     工作。
```

图 4-5　语言点举例 4

在讲解某些语法时，比如趋向补语、"把"字句，要结合语法的特点，我们要综合运用多种方法来帮助学生理解。比较常见的教学方法有：动作表演法、以旧带新法、图示法、多媒体演示法、情景法等，利用这些方法可以动态地导入和讲解语法，增加课堂的趣味性和语法的实用性。

例：讲解可能补语动词＋得（不）＋结果补语（《当代中文（葡萄牙语版）》第十八课课文1）时，使用以旧带新法＋演绎法＋归纳法。

首先，在讲解之前，先复习结果补语的形式和内容，以旧带新，再讲解词语"得"，先讲清语法句型的规则，解释说明在什么情况下需要用可能补语：表示我们能或者不能做到一件事情的时候，应该用可能补语。用替换的方法理解补语"到、懂、出、清楚"的含义，先做一些简单的替换练习。

其次，让同学们先通读全文，找出带有"得"的句子，抄写到本子上（教师整理在板书或者屏幕上）将其分为肯定形式、否定形式和疑问形式进行整理（见表4-3）。

表4-3　分形式整理句子

肯定形式	否定形式	疑问形式
一定看得懂	我恐怕听不懂吧。	票买得到吗
肯定买得到	你听不懂	半个小时赶得到吗
赶得到	我说不出他们的名字	
	坐在后面看不清楚	

引导学生发现共同的规律并进行归纳，用公式法表达其形式：主语＋动词＋得（不）＋到（懂、出、清楚）（补语，即动词的结果），然后再通过图片、

视频等方式进行问答练习，最后回归课文进行全文学习。

临近结尾，教师应该再次总结可能补语的结构、使用规则及疑问句式，巩固学生记忆。

第一，可能补语的结构是"动词＋得（不）＋结果"。

第二，如果做一件事情，能做到，我们就在动词和结果中间加上"得"，比如看见——看得见；打开——打得开。

第三，如果不能做到，我们就在动词和结果中间加上"不"，比如看不见、打不开。

第四，可能补语应该怎么提问？在"动词＋得＋结果"这个结构后面加上"吗"，比如"你吃得完吗？""他们看得清楚吗？"

练习和课后作业布置也是语法教学中非常重要的环节，精讲多练才能达到更好的效果。根据语法的不同我们经常会选择不同的方式。

例："把"字句练习形式。

（1）用"把"字句补充句子。

今天教室里太热了，_____。

外面要下雨了，_____。

（2）设置情景，可以配上图片，用"把"字句进行讨论或者描述。

①中国新年就要到了，我们来布置教室吧，大家要做哪些准备？

②大卫要去中国留学了，他要做哪些事情呢？

语法教学中的重难点非常多，本书也只能选取一两个常见的语法点来列举说明某几种教学方法在实际课堂中的应用。我们的目的就是通过有趣、合适、有效的教学方法来指导学生学会这个语法点，希望上述方法能对新手教师有所帮助。

五、结语与反思

　　巴西东北部的学生非常喜欢中国文化，他们学习中文感到非常快乐。现在中巴贸易在持续合作、良好运行中，很多学生从经济需求或者就业等现实方面考虑也要认真学习中文。作为一名国际中文教师，我们要了解学生的学习目的，采用多种教学方法充分调动学生的学习兴趣，保持汉语课堂的吸引力。很多国际中文公派教师、教师志愿者其实都不会葡萄牙语，但这不是也不应该是阻碍一名优秀国际中文教师成长的限制条件，我们自己首先要克服畏难心态。教师完全可以通过精细的课堂设计、合适的教学方法、积极的互动来完成一堂精彩的国际中文课，进而帮助学生掌握《等级标准》中"听、说、读、写、译"这五项语言技能。

　　每种教学法都有两面性，教师在备课时要充分准备，灵活运用，综合使用多种教学方法，设计多种环节，精讲多练，使自己的每一节课都能顺利完成预期设想，从而实现教学目标。同时，教师对学生的鼓励，在学生信心的建立上能起到非常大的作用，不论学生在哪个方面取得进步，我们都应对其进行肯定。当教学遇到困难时，我们更要有耐心和细心，帮助学生克服困难。

　　另外，从课程设置上看，设立统一教学大纲是非常有必要的。尽管国际中文教师有流动性大的特点，也可以帮助国际中文教学持续、连贯地进行。课程内容可以根据学生需要设置专业课程，如旅游汉语、商务汉语等，抓住学生心理，增强中文的实用性。

　　本书的不足之处是没有将"四维基准"的相关内容同巴西东北部汉语学习者在课文（或语篇）、文化点方面学习情况联系在一起，教学方法的论述也仅是围绕相关案例，在内容上还可以更加丰富。笔者希望通过本书的内容，可以让新任教师从中找到有参考价值的内容，助力他们开展在《等级标准》框架下的有效教学实践；希望本书可以丰富对巴西东北部国际中文教学情况的研究，以求教于专家学者，更希冀得到专家学者、同行的理解和批评指正。

第五章
叙事教学法应用于中国传统节日教学的研究[①]

叙事教学法作为一种新型教学法,引入中国的时间并不长。2010年,熊沐清和邓达共同在《外国语文》先后发表《外语教学的叙事表达:一种教学论视角》[②]和《叙事教学法论纲》[③]两篇文章,主张在外语教学中运用叙事化手段,将教学的某一过程及教材(一篇课文或一段材料、一个语言点、一个语法或语言教学项目等)尽可能以叙事的形式设计和呈现,营造出一个真实的情境或可能世界,使学生在身心方面最大程度地投入学习情境,充分而协调地发挥语言、情感、想象、创造等心智能力,在这种生活化或艺术化的认知活动中"习得"语言。首次正式在外语教学中提出叙事教学的理念。

初时,叙事教学法更多应用于英语教学,特别体现在大学英语教学中,而随着在英语教学领域的成功实践,其优势也逐渐被国际中文教学领域关注。2016年,王定英和孟鑫分别发表《汉语语言学教学中"叙事教学法"的应用

[①] 硕士论文原题目为"基于叙事教学法的对外汉语中国传统节日教学研究",2022年5月,此论文作者做了一定的修改。

[②] 熊沐清、邓达,《外语教学的叙事表达:一种教学论视角》,《外国语文》2010年第3期,第105-110页。

[③] 熊沐清、邓达,《叙事教学法论纲》,《外国语文》2010年第6期,第104-113页。

分析》①和《叙事教学对对外汉语的教学影响》②两篇文章，虽然篇幅简短，稍显疏略，但是分析了叙事教学法在中文教学中的优势和意义，以及叙事教学法对国际中文教学的影响，通过创设情境使学生理解事件，在有效交际中真正地理解和运用中文。

同时，大连外国语大学以此确立教学改革研究项目：在2015年度立项的课题"叙事教学法在汉语言专业留学生汉语精读课中的应用研究与实践"中，郝玲发表《论叙事教学法在对外汉语精读课中的应用》③，探讨了叙事教学法在国际中文教学中的适用性，将叙事教学法应用于国际中文精读课教学，不但丰富了汉语作为第二语言教学理论，为国际中文教学法革新理论提供了支撑，而且拓展了叙事教学法的应用领域，检验了其在国际中文教学中的普适性。在2017年度立项的课题"叙事教学法理念下'亚洲英语国家研究'课程构建模式探究"中，曲涛发表《基于叙事教学法理念下国别和区域课程教学模式构建探究——以〈亚洲英语国家研究〉课程为例》④，对叙事教学法理念下国别和区域课程的教学模式构建进行尝试性研究，研究表明叙事教学法适合国别和区域课程教学，是对传统教学模式的积极探索和有效尝试，极具可操作性和可推广性。

---

① 王定英，《汉语语言学教学中"叙事教学法"的应用分析》，《大众文艺》2016年第8期，第232页。
② 孟鑫，《叙事教学对对外汉语的教学影响》，《中外企业家》2016年第5期，第234页。
③ 郝玲，《论叙事教学法在对外汉语精读课中的应用》，《才智》2018年第4期，第25页。
④ 曲涛，《基于叙事教学法理念下国别和区域课程教学模式构建探究——以〈亚洲英语国家研究〉课程为例》，《东北亚外语论坛（2020年第四季度论文合集）》2020年，第51-58页。

2019年，华中师范大学李丹、杨凯璇和杨晓文分别发表《基于叙事法的对外汉语故事类成语教学研究与设计》[1]《基于叙事教学法的对外汉语成语教学设计》[2]《叙事教学法应用于对外汉语成语教学的设计与实施》[3]三篇文章，探讨了叙事教学法在国际中文成语教学中的教学研究、教学设计与教学实施，用数据支撑了其合理性及可行性。2020年，河北大学刘桂荣发表《叙事教学法在对外汉语初中级综合课教学中的应用研究——以河北大学留学生为例》[4]一文，将叙事教学法应用于国际中文初中级综合课堂中，结合两者特点，通过具体的教学设计和教学实践，探讨叙事教学法的教学效果和应用优势，并针对其不足进行反思总结和提出建议，这四篇硕士论文在一定程度上完成了叙事教学法在国际中文教学中从理论到实践的跨步。

一、叙事教学法的研究缘起

2021年6月，笔者在巴西伯南布哥大学孔子学院进行主题为"《妖猫传》与《长恨歌》"的文化讲座。在讲到"上穷碧落下黄泉，两处茫茫皆不见"

---

[1] 李丹，《基于叙事法的对外汉语故事类成语教学研究与设计》，华中师范大学硕士论文，2019年。

[2] 杨凯璇，《基于叙事教学法的对外汉语成语教学设计》，华中师范大学硕士论文，2019年。

[3] 杨晓文，《叙事教学法应用于对外汉语成语教学的设计与实施》，华中师范大学硕士论文，2019年。

[4] 刘桂荣，《叙事教学法在对外汉语初中级综合课教学中的应用研究——以河北大学留学生为例》，河北大学硕士论文，2020年。

这两句诗时，唐玄宗李隆基晚年对杨贵妃思念成疾，寻遍四荒八极的痴态在笔者脑中逐渐明晰。回忆儿时在西安华清池，懵懵懂懂看完整场《长恨歌》舞台剧，彼时只觉大气磅礴、余音绕梁、光影绰绰不似凡间，其中情意却并不能十分理解，然而数隔十年后竟能多少领悟其中滋味。笔者突然意识到这就是"叙事教学法"最为鲜活的例子，冬去春来，一颗当年种下的故事种子发芽了，随着年龄增长和阅历渐深，对于事物的理解也在不断加强，一些曾经的"不得其解"竟也能"顿悟"了。

我们生命中的每一天其实都被繁多的故事包围着，以至于我们对其熟视无睹，不知其详，然而"叙事"的教育价值不可胜言，在学术研究领域难掩其光。与我们平日接触的诸多故事不同，"叙事"在教学活动中具有教学工具的研究价值，作为"教"与"学"的基本联系，从另一个维度在教师和学生之间架起桥梁，建立关系，从而达到教学效果的更优化。叙事教学法和传统教学法不同，它并不遵循标准的教学方法，而是保持自己的特点对叙事文本进行趣味性加工，更加生动地呈现课堂信息，帮助学生理解教学内容，掌握重点难点。

笔者在巴西伯南布哥大学孔子学院进行教学实践的过程中，发现巴西学生对中国传统节日、成语、谚语和古诗词等传统文化非常感兴趣，他们很愿意学习这种"地道"的中文。于是笔者起初尝试在课堂中扩展这些内容，结果如下：成语、谚语在高级班的教学效果令人满意，基于学生大量的词汇基础，采用观看视频的形式学习成语、谚语，往往只需要教师解释其中一两个生词的意思，学生便能迅速领会并对其恰当运用；但是中级班和初级班的学生没有词汇支撑，教师只能通过翻译的方式解释成语的意思以及用法，这就违背了第二语言教学的初衷。而在古诗词这一部分，因为文言文的特殊性质，即使是高级班的学生也很难真正理解其内涵，而且这一部分的讲解平均用时较长，学生非常容易失去兴趣，甚至产生畏难情绪。

综合考量各阶段学生的中文水平和接受能力，从故事性强的传统节日入手，应用叙事教学法开展国际中文传统文化教学是最为合适的。这些传统节日故事经过时间的沉淀，简短易懂且生动有趣，而且中国传统节日是最能够传递民族情感的文化瑰宝，笔者也在思考是否有可能将这颗"种子"种在诸多中文学习者的心中，即使当下可能只作为一个故事学习，但是多年以后，这个故事会开花也未可知。故而笔者试着将"叙事教学法"引入国际中文教学课堂，为国际中文传统文化教学提供新的思路。

二、叙事教学法应用于中国传统节日教学的实践和效果反馈

中国传统节日来源有二，一是源于外部环境，即四季时令下形成的相对固定的节期；二是源于内部动因，即人们对无法解释的"怪力乱神"现象产生的原始信仰崇拜。笔者参考钟敬文先生《民俗学概论》[1]一书将中国传统节日分为四类，其中，四季时令下形成的固定节期演变为自然节气类传统节日，而人们的原始信仰崇拜在历史更迭中被赋予新的节日内涵，逐渐分支为鬼神传说类节日、英雄人物类节日和宗教信仰类节日。

---

[1] 钟敬文，《民俗学概论》，上海：上海文艺出版社，2009年，第102-120页。

故此，笔者在巴西伯南布哥大学孔子学院初级、中级和高级三个中文班级中，利用文化综合课的形式，以自然节气类、鬼神传说类和英雄人物类传统节日中的"冬至、清明、除夕、中秋、元宵、端午"为例，做出完整的教学设计，同时，在宗教信仰类传统节日教学设计中，选择中国的"中元节"和巴西的"万圣节"进行对比教学，意在达成更好的教学效果，使整个叙事教学法的教学设计更为充实完整。

鉴于在国际中文主流教材中，有关中国传统节日的课文较少，故笔者重新编排加工了节日叙事文本，选择同阶段字词句及语法知识，意在使学生不但能够读懂故事语段、理解节日内涵，更要达到基本课程目标、掌握基础知识点。依据节日分类进行八个课时的叙事设计，并在课后收集学生作业反馈进行教学小结，对叙事教学法下的中国传统节日教学进行了实践与测评。因篇幅受限，现仅以鬼神传说类节日中的"中秋"课时进行举例说明。

（一）叙事文本

很久以前，有一位漂亮的姑娘叫嫦娥（Cháng'é），她的**丈夫**[①]后羿（hòuyì）是一位出色的弓箭手。在那个时候，天上有十个太阳，热得人们无法正常生活。后羿为了拯救人们，用他的弓箭射下了九个太阳。后羿**把人们救出来**[②]，从此被称为英雄，作为奖励，王母娘娘（wángmǔ niángniáng）给了他一颗长生不老药。后羿不愿与妻子嫦娥分开，自己成仙，于是让嫦娥**把药收起来**。

[①] 着重号部分为课文生词，全文皆同。
[②] 加黑部分为课文语法点所在句，全文皆同。

一天，后羿出去打猎，他的学生蓬蒙（péngméng）闯入了他的家，**强迫嫦娥交出长生药**。//① 嫦娥知道自己不是蓬蒙的对手，拿出药一口吃了下去。**她的身子越变越轻，飞得越来越高**。为了能看到她的丈夫，于是就飞到最近的月亮上去。

后羿思念他的妻子，于是就做月饼来寄托想念。后来，人们就用月饼来代表团圆美满。

（二）教学设计

教师通过播放视频的方式导入整节叙事课堂，学生根据视频画面和中文字幕获取视频信息、听懂视频大意，锻炼"听、说、读、写"中"听"的能力。

视频在"蓬蒙强迫嫦娥交出长生药"处暂停，教师通过一系列问题帮助学生厘清主要情节，引导学生推测故事的发展和结局，并进行叙事表达，此教学环节与之后的角色扮演和展开想象，皆锻炼"听、说、读、写"中"说"的能力。

学习生词和语法操练旨在提高学生语言技能，阅读叙事文本旨在锻炼学生"读"的能力，课后作业旨在加强学生"写"的能力。同时，结合学生在叙事情境中的丰富表达，全面提高学生语言技能和文化知识，完成叙事教学的目标，具体如表5-1所示。

---

① "//"斜线为教学设计中视频暂停处，全文皆同。

表 5-1　教学设计的具体案例

教学环节	教师活动	学生活动
1. 课前互动	师生互相问好，简单复习"除夕"故事，询问学生对"中秋"了解多少	师生互相问好，学生尽可能多地进行表达
2. 视频导入	播放"中秋"相关视频导入整节叙事课堂，视频配有中文字幕，帮助学生熟悉相关主题词汇，但是暂时不播放视频结尾，给学生留以悬念	认真观看视频并且感受视频内容，对视频中重要的或者不理解的部分做好笔记，便于视频结束后回答问题和参与讨论
3. 回答问题	视频播放结束后向学生提问： （1）"嫦娥"的丈夫是谁，"后羿"的妻子是谁 （2）"后羿"为什么救人们 （3）"王母娘娘"给了"后羿"什么 （4）"蓬蒙"闯入后羿家做什么，如果你是嫦娥会怎么做	根据视频内容回答教师提问： （1）"嫦娥"的丈夫是……，"后羿"的妻子是…… （2）因为…… （3）给了…… （4）自行讨论

续表

教学环节	教师活动	学生活动
4.观看并讨论视频结尾	继续播放视频结尾,和学生进行讨论,引导学生表达自己的想法	继续观看视频结尾,和同学老师进行讨论,表达自己的想法
5.学习生词	对"中秋"叙事文本中涉及的生词进行分类教学,借助词卡、幻灯片、肢体语言等帮助学生学习生词,并对意思相近的生词进行辨析 (1)丈夫、妻子 (2)太阳、月亮 (3)弓、箭、药 (4)救、英雄、闯、强迫 (5)作为、为了	认真学习生词,理解生词词义,能够辨析意思相近的生词,能够完成生词对应的造句练习

续表

教学环节	教师活动	学生活动
6. 语法操练	对叙事文本中反复出现的句式语法进行举例讲解，并组织学生进行操练 （1）越……越…… 越来越…… （2）"把"字句	在大量的句子操练中学会叙事文本中的语言知识点，发现自己的语言错误并及时改正
7. 阅读文本	对叙事文本中学生不会读的字词进行标音，读错的字词进行纠音	大声有感情地朗读叙事文本，对自己不会读和读错的字词进行标记，课后反复练习
8. 角色扮演	播放背景音乐渲染课堂叙事气氛，引导学生思考叙事文本的主要情节，完成表演规定动作 （1）"嫦娥"：她的长相如何，性格如何 （2）"后羿"：他看到人们受苦做了什么 （3）"王母娘娘"：给了"后羿"什么奖励 （4）"蓬蒙"：去"后羿"家做什么	学生根据对叙事文本的思考理解及教师的表演步骤提示，分角色扮演"嫦娥""后羿""王母娘娘""蓬蒙"，并完成规定表演动作 （1）展现"漂亮""勇敢"的人物形象 （2）表演"射"太阳的动作 （3）表演"给药"的动作 （4）表演"抢药"的动作
9. 展开想象	带领学生想象不一样的故事情节，进行叙事表达。例如，如果嫦娥把药给了蓬蒙怎么办，如果后羿及时赶回来了会发生什么故事，等等 在此教学环节，教师帮助学生适度补充相关主题词汇	发散思维，尽情想象，学习补充词汇，完成叙事表达

续表

教学环节	教师活动	学生活动
10.布置作业	根据叙事课堂中所学的字词和句式语法，复述或者新编"中秋"故事	根据叙事课堂中所学会的语言知识和文化知识完成作业，可以查阅相关资料对文本进行拓展

（三）学生作业

在中国古代的农村有一个男人和一个女人，他们俩是农民，他们住的地方很近。<u>在一天</u>₁他们认识了，<u>很多说话，很多做事</u>₂，他觉得她很漂亮，她觉得他很帅。他们<u>越来越在一起</u>₃，先是好朋友，再开始互相喜欢，最后恋爱了。不过有什么人不喜欢他们恋爱，就分开他们，<u>送她住在月亮上</u>₄。

所以从那时候开始<u>作月饼记得她</u>₅，这就是月饼的故事。

教师批改：

1."在一天"改为"有一天"；

2.改为"说了很多话，做了很多事"；

3.改为"他们越来越喜欢待在一起"；

4.改为"送她去月亮上住"；

5.改为"他做月饼纪念她"。

传说之前有个英雄叫后羿，因为之前天上有10个太阳带来了巨大的灾难，所以后羿拿起他的弓箭就去射太阳。因为他射下了9个太阳让人间带来了<u>凉爽</u>₁，所以他就被称为英雄。王母娘娘给他了颗仙丹，据说能让人长生不老，但后羿没吃因为他不想跟他的妻子嫦娥分开，所以他就<u>把仙丹让嫦娥保管好</u>₂。

有一天当后羿出去捕猎时，有个徒弟谎称说他不舒服就没跟他们一起去，但他早有听说后羿拿了颗长生不老的仙丹，被嫦娥保管起来，所以他是去偷仙丹的。那个徒弟去嫦娥家就说道<u>把仙丹交出来</u>₃，嫦娥一看不是他的对手就把仙丹弄碎。他那个徒弟一见嫦娥把仙丹弄碎就非常生气，就要去打她，谁知后羿赶回来救了嫦娥把他那个徒弟放逐了。

教师批改：

1. 改为"给人间带来了凉爽"；

2. 改为"他就让嫦娥把仙丹保管好"；

3. 加标点，说道"把仙丹交出来"。

很久以前天上有10个太阳，导致农民们无法种植粮食，每天都很热。<u>后羿为了给老百姓们减少压力决定去射日</u>₁，他爬到了一座很高的山，拿出箭射死了9个太阳，从此以后老百姓们不热了（注：除了夏天），粮食也能正常长出。

后羿成了老百姓们眼中的英雄！<u>王母娘娘为了奖励他赏赐给他了一颗仙丹</u>₁。可是后羿还有个妻子嫦娥，他们夫妻俩情深不肯分开，决定让嫦娥先把仙丹保存起来。可是后羿的弟子蓬蒙知道了他的老师有仙丹，就有了贪婪之心，决定在后羿出去打猎的那个晚上去偷仙丹。晚上蓬蒙拿着武器去他老师家打劫，就这样嫦娥被打劫了。

<u>蓬蒙说</u>₂：打劫！把仙丹给我！

<u>嫦娥说</u>₂：不给！

<u>蓬蒙说</u>₂：不给我就抢了！

嫦娥吓得刚要把仙丹吃下去，却被兔子吃了，兔子变成了一个非常美丽的姑娘。蓬蒙看了呆住了，心想，世界上竟有如此美丽的姑娘啊！趁蓬蒙没

注意，嫦娥一平底锅砸到了蓬蒙的头上。后羿回来了，嫦娥把一切的经过都告诉了后羿。

<u>后羿听了说</u>₂：蓬蒙你个逆子！我细心地教你射箭，你居然因为一颗仙丹威胁我的妻子！

这件事老百姓们都知道了，他们建议后羿把蓬蒙斩了，后羿虽然有些不愿意但还是答应了。最后蓬蒙没了，玉兔飞到了₃天上告诉了王母娘娘整件事的经过后，<u>就给了两颗仙丹</u>₄。后来后羿和嫦娥都成了仙，世界上就再也没有<u>过</u>₅中秋节了，不过月饼还是变成了中华美食之一。

教师批改：

1. 中间可以断句；

2. 删去"说"；

3. 删去"了"；

4. 改为"王母娘娘就又给了他们两颗仙丹"；

5. 删去"过"。

（四）教学小结

课堂表演环节，教师考虑到在女生中选择一位"漂亮"的姑娘不太礼貌，所以让男生反串嫦娥角色，让另一位与之关系好的男生扮演后羿。没想到在表演过程中反而更能放开了，学生们捧腹大笑，收获了意想不到的课堂效果。

展开想象环节，教师引导学生反向思考"如果嫦娥把药给了蓬蒙怎么办？"学生们互相讨论，纷纷表示这是一个"很不好的事情"。教师再次反问"那么大家觉得这种事情会发生吗，为什么？"学生给出了各种回答，在学生讨论激烈之际，教师向学生解释了中华民族自古以来的"勇敢抗争"精神，学生很快领会，还用他们刚看过的电影举例"就像花木兰一样"，在叙事教学中感受了节日文化内涵。

学生们十分同情后羿和嫦娥的分离遭遇，所以在课后作业中以叙事的方式重新调整故事走向，改变故事情节，给了后羿和嫦娥一个圆满的故事结局。其中，无论是语言技能还是文化表达，都达到了叙事教学的目标。

综上，在各个维度上，"中秋"叙事课堂都完成了预设，甚至超出了预期效果，是一次非常成功的教学实践。

三、叙事教学法对中国传统节日教学的作用分析

根据叙事教学法应用于国际中文传统节日的教学实践与效果反馈，可知师生基本完成了预设的教学目标，检验了教学设计的可行性。通过观看视频动画、想象故事结尾、角色扮演等课堂活动，学生身临其境，打破了传统文化课堂的沉闷气氛，也缓解了学生在第二语言习得中的焦虑心理。

叙事教学法的成功应用，极大地提高了学生学习中文的效率和质量。学生课堂积极性显著提高，不但对中国传统节日产生了浓厚的兴趣，而且增加了对中华文化的认识了解，体会了中华文化的精神内核，总体来看取得了比较理想的教学效果。

（一）扩大课堂应用空间，增加课堂灵活程度

叙事教学法作为一种新型教学法，与中国传统节日教学适配度较高。笔

者在实践的过程中发现，叙事教学法能够突破传统文化课堂限制，其课堂优势主要有以下两点。

1. 扩大课堂应用空间

中国传统节日文化往往具有跌宕起伏的故事情节和丰富多元的文化内涵，例如在"除夕""中秋""元宵""端午"等节日教学中，学生通过猜测故事走向、复述故事和改编故事等活动，最大程度地了解了节日故事的脉络和节日背后的内涵，完成了叙事教学的任务。即使是"二十四节气"等情节略显单调的节日，教师也可以参考课本，从时令天气等主题词汇和句式语法着手，在完成叙事操练后，和学生选择其中一至两个节日编写故事。

教师还可以结合学生所在国家的本土节日进行教学，如在宗教信仰类节日课堂，中元节的"地藏菩萨""小鬼"等词对应万圣节的"死神""鬼魂"等词，学生受本国万圣节文化的影响，在学习中元节词汇时很容易领会其中含义。同时，两个节日叙事文本中不断复现同一语法点，学生通过对其反复操练，也能达到锻炼语言技能的目的，如"把"字句——"让牢房看守偷偷把牢门打开，把他母亲放出来""把自己打扮成妖魔鬼怪，把死人之魂灵吓跑"等；表示"目的"的不同方法——"那些跑回家乡的鬼纷纷向家人索要钱财，以便回去用来生活和打通关系，希望早日托生""于是人们就在这一天熄掉炉火、烛光，使鬼魂无法找到自己"等。

此外，在学习主题词汇和句式语法的基础上，学生还能对比两个节日故事的不同之处，更为深刻地感受中国传统节日的文化内涵。相比较于西方万圣节死灵附生、生灵畏怯的故事起源，中国中元节体现的是"孝与亲缘"这一中华传统美德。地藏菩萨不忍看到母亲受苦，偷放母亲离开地府，是子辈对长辈的孝思不匮；小鬼们不在人间乱行，而是归家同亲人团聚、索要钱财以再生，也是生者思念逝者、希望逝者安息的美好愿景。通过对比两个外在相似但内核不同的节日故事，学生不但学会了其中的语言知识，而且感受了其中的文化内涵，扩大了课堂的应用空间。

2. 增加课堂灵活程度

根据叙事的概念，不仅一个长篇故事可以称为叙事，一个叙述句也可以称为叙事。例如，在"中秋"课时，叙事文本中有"她的身子越变越轻，飞向了天空"的表述，学生仅凭此句便可展开丰富的叙事想象："越变越轻的身子是什么样的""她是自己想飞向天空的吗""飞向天空时的心情和动作如何"等，这个过程就好像是扩句练习，学生能够在叙事中充实句子表达、丰富句子内容。因为叙事方式的多样化，教师可以结合实际教学内容，选择使用整个或者部分叙事环节，又或者将两者进行结合。

词汇教学环节，教师可以将生词分为不同单元，对其进行叙事设计，甚至也可以只选择几个生词进行叙事设计，对学生进行示范和引导，不必拘泥于消灭所有生词。例如，在英雄人物类节日教学中，因叙事文本较长，所以截取故事片段进行角色扮演：在"元宵"课时，将"打扮、算命先生、夜观天象"等词设置为一个词汇单元，表演东方朔在长安街头铺谋布局，突出其足智多谋的性格特点，将"挂花灯、点鞭炮、放烟火"等词设置为另一个词汇单元，几个动宾短语的列举，突出正月十五夜长安街热闹繁华的景象；在"端午"课时，将"抱、跳、划（船）、扔、倒"等动词设置为一个词汇单元，学生在按照顺序表演时，自然感受到屈原投江自尽的决然，以及百姓打捞屈原尸身的悲痛。

语法教学环节，初级班和中级班的语法相对简单，操练时句子不需过长，引导学生有简单的叙事行为即可，便于学生感知语言点的语法结构；高级班的语法相对复杂，特别是在复句部分，教师可以引导学生利用多种关联词表述一个完整的故事。例如，在"元宵"课时，教师引导学生感受节日文化内涵，初级班的学生可以表述出"人们喜欢东方朔，因为他帮助所有宫女见到了家人"的句子，而中高级班已经学过了"之所以……是因为……"及"不但……而且……"等句式，所以其表述要更加完整，"人们（之所以）喜欢东方朔，（是）因为他不但帮助宫女元宵见到了家人，而且帮助所有宫女都见到了家人"。

课文教学环节，教学任务要求学生进行角色扮演和故事改编，在此过程中，学生往往加入自己的理解和发挥，达成表演故事和创作故事的结合。对于较短的故事内容，学生可以通过改变关键词完成叙事行为，如在"除夕"课时，课文中的"夕"住在森林里，而学生作文中的"夕"住在海底；对于稍长的故事内容，则可以通过改变时间、地点、角色等条件对故事进行改编，例如在"中秋"课时，课文中是"嫦娥"吃药飞向月亮，而学生作文中是"玉兔"吃药飞向月亮，并给后羿和嫦娥带回两颗仙丹。

此外，教师还通过适当的提示或者提问引导学生思考，帮助学生理解掌握课堂内容，增加课堂灵活程度。

（二）增强中文学习动机，激发中文学习潜力

学生的学习动机和学习潜力影响着中文的学习效果，叙事教学法能够极大程度地使之发挥作用。

1. 增强中文学习动机

学习动机是促进并维持个体从事学习活动，并使这些活动趋向特定学习目标的内部引发机制。[①] 学习动机可以驱动学习，学习又可以产生或增强后续

---

① 冯忠良，《教育心理学》，北京：人民教育出版社，2002年，第329页。

学习的动机，二者相互促进。

充满想象的课堂气氛取代枯燥单调的课本知识，能够使学生集中注意力去理解和感受课堂内容；穿插其中的多样叙事活动，也为学生创设操练词汇和语法的叙事情境，使其在操练过程中更多地表达自己的内心感受。例如，在"中秋"故事的最后，嫦娥为避免仙丹落入坏人之手，无奈只能吞丹飞天，同后羿天人两隔，而学生希望在战胜坏人的同时，嫦娥和后羿也能够幸福圆满，所以重新编写了一个团圆结局，以寄托自己的美好愿望。又例如，学生在听完"清明"故事中"晋文公放火烧山，逼死大臣介子推"[1]，以及"端午"故事中"楚王听信奸臣离间，罢免大夫屈原"的情节后十分气愤，并深受两人为国捐躯的爱国精神触动，所以在学习完这两课后，融合两个故事的主要情节，编写了一个全新的"张定和国王"的故事，赞美了一个爱国少年的民族大义，给了教师极大的惊喜。由于学生的经历各有不同，其表达出来的内容也具有自己的风格，在一定程度上使课堂内容更加丰富。

2. 激发中文学习潜力

学习潜力是教学过程中学生尚未表现的潜在的学习可能性，与现实的学习能力相对，学生通过自身努力或教师指导，可以使之转化为现实的学习能力。[2]

有些学生本身对中文学习就存在着积极情感，叙事过程更会强化这种情感。中高级班的学生因为学习中文时间较长，对中国文化了解得更多，主观

---

[1] 清明节由寒食节导入，"晋文公放火烧山，逼死大臣介子推"后的第二年，晋文公登山祭奠，发现老柳树死而复活，便赐老柳树为"清明柳"，并晓喻天下，把寒食节的后一天定为清明节。教师在授课过程中已对两个节日进行讲解和区分。

[2] 顾明远，《教育大辞典》，上海：上海教育出版社，1998年，第191页。

上来说也愿意让自己的中文更加"地道",所以在学习过程中,他们愿意学习叙事中的成语谚语,并将其转化为自己的表达,如"蜂拥而出"一词,学生在作文中写着"蜂拥而出,就像一窝蜜蜂离巢而出"。虽然在中文里,成语是不需要解释的,直接拿过来用就可以了,但是在这里却无伤大雅,教师后期稍做指导即可。此时应该充分肯定学生学以致用的能力,肯定学生表现出来的学习潜力和无限的可能性。叙事为其提供检验和提高中文知识的途径,使其在中文学习中获得更多的成就感,故而学生主动学习的情感动机对于激发潜力有着重要的作用。

即使学生内部学习动机存在态度消极和动力不足,也可以在教师的适当引导下进行转化。在叙事教学法下,教师根据知识点的难易程度设计符合学生认知水平和语言水平的教学内容,一方面,不会因为难度较大而触发学生畏难情绪,适中的难易程度能帮助学生建立自信,如在"元宵""端午"这两节课中,因为叙事文本对于初级班学生来说实在过长,学生看到后"唉声叹气",所以教师在不影响主要情节的基础上删减了部分句子,当学生觉得简单了、自己能够学会了,也从最开始的抵触变得主动了;另一方面,跌宕起伏和引人入胜的故事情节让学生产生新鲜感和好奇心,乐于探究,如在"中秋"这节课中,"后羿射日—王母赐丹—蓬蒙抢丹—嫦娥奔月"这些情节此起彼落,学生整节课都全神倾注,系心故事发展;同时,为了能够理解故事,学生也会主动地思考故事中的词汇和句子,跟随老师思路,积极参与课堂,慢慢产生想要进一步学习中文的愿望,学习动机受外部影响而增强。此后,若学生想要了解更多的故事,就需要更多的中文知识,此时,学生学习动机充足,学习态度变得积极主动。

同时,叙事教学法能够为学生提供不同类型的叙事活动,学生可以根据自身兴趣和地域文化特点，对富有中华文化内涵、具有中华民族特色的中国传统节日进行改编和再创作。例如，在课堂角色扮演"后羿"和"嫦娥"环节，巴西学生表演出来的"爱情"更加热烈直白，也乐于用唱歌的方式进行对白。一方面，在生动有趣的课堂中加深对所学知识的掌握，最大限度地提高学习效率；另一方面，学生能够充分发挥想象力和创造力，通过叙事赋予节日故事新的生命和内容，激发学生学习中文的潜力。

（三）增强字词辨析能力，扩充学生语汇总量

字词教学是语言教学的基础，语言学习的进步需要大量字词的不断补充和积累，叙事教学法能够让学生在整个学习过程中，迅速串联并掌握所学的字词，扩充语汇总量。

1. 增强字词辨析能力

在叙事教学的过程中，教师不需对字词进行过多讲解，只需有意地复现这些字词，注意时长检测，把握正确方向即可。学生自然会根据故事的脉络和叙事的语境体会字词的微妙含义与使用方法，并增强对字词的辨析能力。例如，在"除夕"教学活动中，学生很容易根据叙事情境辨析出"可怕、吓唬、害怕"三个生词的区别，这时教师再展示出相应的辨析图片，学生便能记忆得更加深刻。

而在后置叙事课堂中，同样可以对前置叙事课堂的生词进行复现。一方面，同样的词在不同的节日课堂中可多次复现，如"元宵"中东方朔将自己"打扮"成算命先生，"万圣节"中人们把自己"打扮"成妖魔鬼怪，增强了学生对"打扮"一词的记忆；另一方面，相近的词可进行对比，如"元宵"中描述东方朔"善良""聪明"，便可同时对"中秋"中描述嫦娥的"漂亮"

进行复习。教师趁此可以额外拓展一些表现人物性格的字词并对其进行辨析，同时设置相应的课堂活动，在与学生操练的过程中完成这些相近字词的学习，加深学生字词辨析印象。

2. 扩充学生语汇总量

在进行语言输出的改编故事环节，还会拓展到一些易于学生接受、并在日常使用的词汇。例如，在讲到英雄人物类节日故事时，应学生要求补充了"烟火""保护""理想""诚实"等词；在讲到宗教信仰类节日故事时，还应学生要求补充了"鸽子""天堂""蜡烛""报仇"等词。这些词并不是严格意义上的教学任务，但是通过图片展示和反复应用表述，学生不仅能够记住这些生词，还能够正确使用这些生词，从而达成扩充词汇量的目的。

在叙事文本中关于一些节日的俗语，如"清明"的"清明前后，种瓜种豆"，"中元"的"七月半，鬼乱窜"等，不仅生动有趣，而且朗朗上口，学生非常喜欢，当堂课便记下来了。同时，中国自古而来不吝笔墨勾勒传统节日，留下大量诗词歌赋，在作为课堂拓展环节引入这些诗词时，学生也表现出浓厚的兴趣，如在自然节气类节日教学中，教师引入了二十四节气歌，又针对"冬至""清明"引入了"岸容待腊将舒柳，山意冲寒欲放梅""清明时节雨纷纷，路上行人欲断魂"等诗句，虽然文言文本身晦涩，学生并不能完全理解诗词的意境，但是却十分能够激发学生的好学性。

（四）提高听说读写能力，培养学生中文语感

叙事教学法能够全面培养学生语言能力，达到听说读写同步跟进，综合提高中文水平，具体表现在如下三个方面。

1. 听说互动

叙事过程是富有吸引力和感染力的，教师基于学生的语言能力和认知水平，在叙事的过程中创设中文语言情境和中文文化情境，完全使用中文进行教学，再辅助利用眼神、表情、动作及语调等，帮助学生形成形象思维，使其产生记忆。即使遇到难词长句，学生也会根据叙事情境及教师身体语言推测其含义，如在"中秋"一课，学生并未学过"射"这个动词，但是在听到"十个太阳""九个太阳""救了人们"等词，以及看到教师配合文本做出"拉弓射箭"的动作，便能理解"射"的含义。同时，在聆听故事时猜测故事的发展方向是人类思维的本能，情节有迹可循的叙事文本能够很好地做到这一点，帮助学生锻炼听力思维，训练听力能力。

学生在听完故事后需要结合自身理解复述故事，一方面是检测学生是否在上一环节听懂故事大意，另一方面是锻炼学生"说"的语言技能，而且趁热打铁，在"听"后立即进行"说"的训练，能够减少遗忘后的错误率，增强学生自信。而复述故事的方式也并不拘于传统的单纯复述，回答问题、角色扮演、展开想象等课堂活动都能够帮助学生进行语言输出，如在"万圣节"一课的角色扮演环节，学生在教师所给文本之外又增添了一些本国风俗进行表达，无意识中提高了自己的表述能力。

2. 读写跟上

叙事活动还包括课堂的阅读文本环节和课后的故事改编环节。叙事文本是教师基于教材选择同阶段字词句及语法知识，进行重新编排加工，在选择初期便充分考虑其阅读适用性。在学完"二十四节气"后，教师带领学生阅读"冬至"的叙事文本，而"清明"的叙事文本是由学生自行阅读理解的，难度适中且阅读顺畅的文本可以提高学生的阅读能力。同时结合学生的课堂表现可以发现，文本中不断复现的语法在阅读过程中就自然掌握了，如"中秋"一课反复出现的"把"字句——"把人们救出来""把药收起来"等，学生在阅读后便可直接用其回答问题。

在故事改编环节，教师要求学生以本课所学节日为主题，并运用所学词汇句式进行写作。学生往往结合自身主观思想创作，进行大量的表达，如学生在听完"清明"和"端午"两个故事中"晋文公放火烧山逼死大臣介子推""楚王听信奸臣离间罢免大夫屈原"的情节后，编写了一个全新的"张定和国王"的故事，赞美了一个爱国少年的民族大义。全文近千字，用到了大量的所学句型语法，极大地提高了学生的表达能力。故而在一个完整的教学环节结束后，学生听说读写的语言技能会得到全面综合提高。

3.培养中文语感

母语习得者往往不需要学习，仅凭语感即可与人顺畅沟通，但第二语言学习者因为缺少目的语环境，想要培养语感却并不简单。叙事教学法能够为学生创设语言情境，通过观看视频、回答问题、角色扮演、展开想象、故事复述或改编等课堂活动，帮助学生参与叙事教学，在师生或生生互动的语流中培养中文语感。而在实际教学的过程中笔者发现，一些中文程度一般且平时不太参与课堂活动的学生，在叙事过程中也变得活跃起来，而且角色扮演环节往往需要很多"群众演员"，他们很愿意扮演并参与其中，在活动中培养中文语感；还有一些中文程度较好且较为活跃的学生，也能够感觉到其在课堂活动中语感明显变好，表述出来的句子越来越"地道"。

（五）有助于学生在叙事中理解传统节日文化内涵

叙事教学法设置了诸多教学环节，可通过"视频导入""角色扮演""展开想象""教学小结"等方式，帮助学生理解中国传统节日所寄托的美好祝愿及文化内涵。

1. 视频导入

自然节气类节日同诸多其他传统节日不同，无论是"冬至"还是"清明"，都是先作为一个重要的节气存在，后来才被赋予了一些节日故事。故而自然节气类节日所体现的自然节律变化更为重要，甚至大于叙事性。视频能够很直观地展现时令变化、四季更迭，学生通过观看其中一年四季的划分，能够体会到农耕文明下的中国是如何遵循自然规律、创造农业文明的，每一个节气都对应着古代劳动人民祈盼时和岁丰的美好愿景。

2. 角色扮演

角色扮演能够将学生迅速带入叙事情境，其中，在教师的引导下完成规定动作，能够梳理主线剧情。在"除夕"一课中，学生扮演的"村民"身穿红色、敲锣打鼓，在齐心协力成功吓跑"夕"的瞬间，不约而同欢呼起来，这个情境相信多年之后学生仍不会忘却。

在宗教信仰类节日的两课中，对于中元节中"地藏菩萨""小鬼"和万圣节中"死神""鬼魂"，学生的扮演方式是迥乎不同的。"中元节"中，地藏菩萨不忍心看到母亲受苦，偷放母亲离开地府，学生需要表演出其不忍和孝心；小鬼们不在人间乱行，而是归家同亲人团聚，索要钱财希望再生，学生需要表演出逝者与生者之间的思念和爱。而"万圣节"中，死灵附生、生灵畏怯，学生需要表演出鬼魂对生者的渴望，以及生者对鬼魂的惧怕。通过对两个外在相似但内核不同的节日故事的对比表演，学生能够体会中华民族"孝与亲缘"这一传统美德，感受了其中的文化内涵。

3.展开想象

在"中秋"一课中,教师反向举例引导学生展开想象:"如果嫦娥把药给了蓬蒙怎么办?"学生们互相讨论,纷纷表示这是一个"很不好的事情"。教师再次反问:"那么大家觉得这种事情会发生吗,为什么?"学生给出了各种回答,回答"会"的学生认为"因为嫦娥不想和后羿分开""即使蓬蒙成仙,后羿也会把他'射'下来"等;回答"不会"的学生认为"不能把药给坏人,他会做不好的事情"等。在学生讨论激烈之际,教师给出了"基本不会"的回答,并向学生解释了中华民族自古以来的勇敢抗争精神,学生很快领会,还用他们刚看过的电影举例,"就像花木兰一样"。

4.教学小结

在英雄人物类节日教学的最后一节,教师对"元宵"和"端午"两个节日进行总结,带领学生深入分析"东方朔"和"屈原"两个历史人物,"为什么人们会喜欢他们呢?"学生进行思考并很快给出相应答案。

首先,"东方朔帮助宫女元宵见到了家人",教师表示赞同并再次提问:"那么其他宫女呢,她们想念家人吗,她们会在正月十五见到家人吗?"学生表示:"其他宫女也想家,但是不知道她们是否会在正月十五见到家人,因为课文中没有提到",当教师给予提示:"全城百姓都上街看花灯"时,学生立即如饮醍醐,明白了"其他宫女也会见到家人"。所以师生总结"人们(之所以)喜欢东方朔,(是)因为他不但帮助宫女元宵见到了家人,而且帮助所有宫女都见到了家人""他是一个又善良又聪明的人(板书)",使学生感受到了中华民族精神中的善良聪明。

其次,"屈原跳河,人们很伤心",教师表示疑问:"为什么人们很伤心就会喜欢他呢,应该是'因为喜欢他,所以他跳河人们很伤心'(板书)",

学生立即明白了其中的因果关系。在这样的引导下，一位学生说出了"因为他很爱国家，担心百姓"，教师给予肯定："所以百姓也很爱他，担心他"。在此番总结下，学生对中华民族精神又有了深刻的理解，感受到了其中的爱国精神与民族情怀。

（六）有助于教师在叙事中发现学生语言错误

叙事教学法下的课堂提供给学生更多表达的机会，在或大或小的课堂叙事活动中，除却教师规定完成的一些教学任务，如"需要用到所学生词和句式"等，学生在"角色扮演""展开想象"等环节有着极大的发挥空间。学生在活动中大量输出中文语句和语段，教师不但可以通过这些活动环节检测学生对所学内容的掌握程度，而且可以观察学生在叙事练习中所暴露出的语言错误，给予及时的讲解和纠正，益于学生提高中文水平。学生在叙事中的语言错误主要分为以下两类。

1. 语言失误

在这些语言错误中，有一些是偶然性的语言失误，教师可以直接提醒学生，他们便能很快反应过来自己改正，如在"除夕"一课中，将"靠近"说成"将近"；在"中元节"一课中，将"应该"说成"因该"；在"万圣节"一课中，"出来"说成"去来"，"一会儿"说成"几会儿"。并非学生不知道这些词的意思，而是在叙事表述的过程中，把主要注意力放在了故事情节上，但忽略了语言细节。

虽然这些失误无伤大雅，而且在教师的提醒下，学生能够很快地改正过来，并未影响整体叙事活动，但是从侧面也反映了一些问题。一是学生语言基础不够扎实，可能他们自己都未曾注意到这些错误，需要教师进行及时提醒，避免一错再错，甚至影响其他语言知识的学习；二是此类语言错误与学生个体有关，偶然性大，教师最好对其进行私下提醒，避免给其他学生造成错误语言输入。

2. 习得偏误

还有一些语言错误则是学生自己未能意识到的，即使教师对其进行讲解和纠正，但是再次使用时仍然可能重犯错误，我们称其为"偏误"。在第二语言习得过程中，偏误的存在影响着学生的语言学习，只有不断克服偏误才能掌握好目的语。

例如，学生在复述"中秋"的故事时，两次都用到了"很多说话""很多做事"的表述，属于偏误范畴中离合词的误用，于是教师针对离合词进行了系统的讲解和操练，学生在学习后也学会了"说很多话""做很多事"的正确表述。还有一些是在不同学生的表述中发现的共性偏误，如在"元宵"和"万圣节"两篇作文中，发现了"皇帝同意东方朔的意见，命令做他说的话""然后他们就做了万圣节"的叙事表述，属于"做"的偏误用法。诸如此类，教师很容易地发现了学生习得偏误，并能够及时对其总结，对于有此类偏误的学生起到纠正作用，对于没有此类偏误的学生起到预防作用。

四、叙事教学法在中国传统节日教学的应用策略

此次叙事教学法实践选取中国传统节日四大分类下的八个故事，针对初级、中级、高级三个阶段的巴西学生进行教学实践，并得到效果反馈，发现叙事教学法适用于各个阶段的中文教学。现总结叙事教学法在中国传统节日教学的一些应用策略，为国际中文教学提供一些参考。

（一）分层准备叙事教学材料，因材施教

本书的教学对象是三种中文水平班级的巴西学生，虽然教师在备课阶段已经考虑到学生学习程度不同，并对叙事文本进行了调整，但是在实际授课的过程中，仍然不可避免地遇到一些问题。

"箭""药""吃""飞"等名词或者动词，无论是初级、中级还是高级阶段的学生，都可以通过图片展示迅速领会其意思，但是形容词、副词、介词等更为抽象的词汇，学生便很难理解，如"直到"，中高级班学生因为掌握的词汇量较大，所以通过例句便很快能够领会，甚至可以拓展辨析"直到……才"和"直到……还"，而初级班的学生却需要教师进行翻译，偶尔出现学生既听不懂中文也听不懂英文的情况，还需要其他同学帮忙解释。

在教学过程出现过多难于学习的词汇，不但影响学生对叙事文本的理解，也容易滋生学生的畏难心理。所以教师在备课的过程中，要在充分了解学生水平的基础上，根据学生实际情况更为细致地分层准备教学材料并合理安排教学环节。

1. 充分了解学生中文水平

学生现行阶段的中文水平决定了他们的课堂接受能力与叙事能力。以最基础的词汇量举例，在"元宵"一课中，中高级班的学生已经学过"街""城"等词，所以对于他们来说，这些词只需稍做复习即可，应该把更多的时间精力放在语法学习上；但是对于初级班的学生来说，这些词仍为生词，是本节课需要掌握的学习任务，而更为高阶的语法学习在此阶段却并不十分重要。再以展开想象环节为例，中高级班可以表达出完整的叙事语段，所以他们的想象天马行空，不受拘束；而初级班只能表达简单句子，所以即使他们有很

多想法，表达也会处处受限。

故而教师要充分了解学生，知道什么是学生已经学过的，什么是学生难以理解的。难以理解的语言知识在不同学习阶段的解释方式也不尽相同，如初级阶段更多的是较为直观地展示图片或神态动作，而中高级阶段可在大量的叙事例句中带领学生体会。简而言之，教学叙事文本要围绕教学对象和教学目标进行整合。

2. 分层准备叙事教学材料

在备课时间充足且教学资源丰富等条件允许的情况下，教师可以对叙事文本进行分层次处理。例如，在"元宵"和"端午"两节课中，因叙事文本过长，初级班学生产生畏难情绪，课堂一度不能继续。针对此种情况，笔者选择几种处理方式，在此处作为参考。

首先，教师及时调整难度，将整个叙事截取为两至三个叙事片段，因叙事本身能够留给学生大量想象空间，故而学生通过将叙事片段串联，便很容易地推出其他故事情节，并未对理解整个节日故事造成影响。

其次，吸取本节课的经验，在之后的"端午"叙事课堂中，教师制作了可替换的词卡对叙事文本内容进行替换。例如，中高级班的"前途""苦难""男女老少"等词，在初级班替换为"未来""不幸""人们"等词。在保持原意不变的基础上，既不影响主要情节，也降低了叙事文本的难度，同时最大限度地提高了可操作性。

此外，教师还可以对图像、音频、视频等叙事教学材料进行预处理。例如，调整视频字幕和播放速度，初级班的视频在中文字幕上方增加拼音，播放速度调慢至 0.75 倍或 0.5 倍，而中高级班正常速度播放，甚至在高级班可以在播放叙事视频前播放叙事音频。

3. 合理安排叙事教学环节

不同的中文水平的学生适合的叙事教学环节也略有偏向，如初级阶段学生适合于"回答问题""复述故事"等教学环节；中高级阶段学生更适合于"角色扮演""展开想象"等教学环节。这是因为初级阶段学生中文知识储备量不足，很多时候需要在教师的引导帮助下完成叙事任务；而中高级阶段学生词汇量较大，在课堂活动环节不受语言拘束，发挥空间也比较大。所以教师在分层准备教学材料或者设计教学环节时，要合理考虑到这一点，做到教学目标清晰，教学环节详略得当且循序渐进。

（二）应用多种叙事方式，创设叙事情境

在应用叙事教学法进行教学的过程中发现，一些叙事情节很难做到单独理解，如"清明"一课中，学生不能理解"介子推宁可被烧死也不出山做官"，但是当我们把这个情节放置于整个叙事情境中，一个"不为功利"的大臣形象即刻变得生动鲜活起来，学生也能真实体会到其中的"人文精神"。所以，叙事情境能够非常直观且深入地帮助学生理解中国传统节日故事的梗概及内涵，同时，蕴含其中的词汇和语法等也能够成为学生在实际交际中使用的正确示范。所以，教师可以灵活借助多种教学手段和教学形式，创设文化情境，帮助学生辨别中西文化差异，完成叙事教学。

1. 借助多种叙事教学手段

斯蒂维克（Earl W Stevick）指出，记忆强度与项目呈现的生动程度有关。现代教育科学技术和多媒体教学设备的发展，为国际中文课堂带来诸多便利，教师可在网络分享中获取到可供教学的种种资源，包括视频、音频、图卡等。这些教学手段帮助教师在叙事教学的过程中，为学生创设出更为直观且生动

的文化情境。在本次叙事教学法的实践中，教师借助"视频导入""音频渲染""图卡展示"等教学手段帮助学生进入传统节日情境。

"视频导入"和"音频渲染"目的在于增强学生视觉和听觉的双重刺激。例如，在"除夕"一课中，学生在视频环节看到了"夕"有锋利的牙齿，巨大的爪子，还听到了"夕"可怕的叫声，于是在渲染着背景音频的角色扮演环节中，学生按照要求完成指定动作行径，展示了"牙齿、爪子、叫声"，在多重感官渲染中完成长时记忆。而在叙事教学中采用视听配以"图卡展示"的方式，也同样能够加深学生对叙事的印象和理解，如在讲解"叫声"这个生词时，配以鸟兽的图片及音频，不但使学生身临其境，而且在其后的操练过程中，口语输出的准确性、流畅性和复杂性都得到显著提高。

2. 灵活选择叙事教学形式

就像学生难以对传统教学法中的枯燥练习提起兴致一样，如果教师一成不变地长时间使用单一叙事教学法，也会让学生产生懈怠情绪，所以在不同类型的传统节日课堂中，教师也要选择使用相应不同的教学形式和操练方法创设叙事情境。

"除夕""中秋"等情节紧凑、故事性强的节日，教学材料十分充实，教师可以直接选择"观看视频""角色扮演""展开想象"等活动完成教学环节。笔者在实际教学中还发现一个有趣的办法帮助学生融入课堂，因为节日故事中的角色名字极具中国特色，对于外国学生来说比较拗口，所以在叙事的过程中教师直接将学生名字代入故事角色。例如，在讲到"后羿"和"嫦娥"的故事时，将班级内两名关系比较好的学生代入其中，不但活跃了课堂氛围，而且增强了学生的参与感，整堂课的教学效果十分不错。

而"二十四节气"等节日本身并不具备很强的故事性，这类传统节日故事便需要首先对其进行叙事化，再引导学生进入叙事情境。例如，在"冬至""清明"两个节日中，教师以"四季""天气"等词汇作为课堂基底，再引入两个节气故事，目的在于帮助学生感受对应节气的不同气候，从而学会如何利用这些词汇进行叙事。

3. 叙事情境注意文化差异

教师还要注意中西方文化的差异性，注意区别在不同文化背景下产生的节日故事在相同语境中的不同含义，如在"中元节"和"万圣节"的节日故事中，中国文化的"地藏菩萨"是神佛向善，而西方文化的"撒旦"则是罪恶象征。情感色彩的差异可能会导致学生在叙事过程中产生偏误，所以教师要在教学过程中设置叙事情境，引导学生对其进行分辨，并在语言交际中正确地完成节日叙事。

（三）关注叙事课堂语言要素，提升学生语言技能

国际中文文化综合课关注语言要素的综合培养，强调全面提升学生听说读写四种语言技能。传统教学法中，听说法、交际法等强调语言的沟通交际，注重培养学生听说能力；语法翻译法等强调语言知识但是不强调实际应用，注重培养学生读写能力。而叙事教学法能够对学生的中文语言能力进行全面培养，达到听说读写同步跟进，全面提高语感能力。在此过程中，教师可以参考如下策略提升学生语言技能。

1. 叙事课堂尽量避免中介语

在多数国际中文教材中，都添加有辅助学生理解的英文注释，笔者在重新编写叙事文本时也充分参考了这些注释，将其转化为最简单的中文并给出

相应举例，如在"冬至"中有关"冻"的解释，以"感到非常冷，如冻手，冻脸"代替了教材中的"Feel Very Cold、Freeze、Frostbitten"。

这样做的原因与第二语言教学原则有关，在对外课堂中要尽可能地使用目的语进行教学，也就是我们经常说的"用中文教中文"。国际中文教师尽量避免使用中介语，防止学生产生依赖心理，出现中介语的石化现象。帮助学生根据叙事情境理解故事意思，在此过程中培养中文思维，全面提高听说读写语言技能。

2. 叙事环节有意操练语言技能

在组织叙事教学的过程中，教师要有意识地引导学生多操练多表达，完成听说读写语言技能全面提高的教学目标，如观看视频教学环节侧重学生"听"的能力，课堂提问、展开想象等教学环节侧重学生"说"的能力，阅读叙事文本侧重学生"读"的能力，课后作文侧重学生"写"的能力等。同时这些环节也并不是割裂的，而是相互作用的，如在"中元"一课中，学生课堂观看鬼神视频并进行表演想象，提高了听说能力，课后阅读大量中文资料完成故事改编，提高了读写能力，多项提高语言技能。综合来看，教师在整个叙事教学中引导学生发散思维，启发学生从多种角度思考节日故事，对其进行复述改编并体会其中文化内涵，使学生在有限的课堂教学中全面提高听说读写能力。

3. 总结归纳叙事句语用规则

通过统计学生的语用偏误发现，很多偏误并不是学生不知道其意思，而是未能掌握正确的语用规则。语言的基本功能是交际功能，学习语言的最终目的是正确使用语言，所以在叙事教学中，基于大量叙事句的举例，教师要对字词、句式及语法等的语用规则进行总结。例如，在"端午"一课中，课文中出现了多个"把"字句——"把楚国看成最大的敌人""把他赶出都城""把饭团扔进江里""把雄黄酒倒进江中"等，教师便可以带领学生总结，"主语+把+名词1+谓语+成、给、在、到+名词2"表示对特定的人或事物施加一个动作，使其发生一定的变化，如"他把这本小说翻译成英文"；"主语+把+名词+动词+其他"表示通过某个动作对宾语产生某种影响或造成某种结果，如"她把那本书拿走了"。同时，在讲解后还要在叙事情景中进行反复练习，一方面，学生能够在练习的过程中学会如何进行正确表达，另一方面，教师可以检测学生是否真正理解掌握语用规则。

（四）突出叙事课堂文化要素，营造融洽文化氛围

语言与文化相互依存、密不可分，语言是文化的主要载体，文化的创造和发展离不开语言。[①]在学习语言知识的基础上，中国传统节日的叙事教学更注重突出课堂文化要素，营造融洽的文化氛围，是以"语言在下，文化在上"。在此过程中，教师可以参考如下策略凸显叙事课堂文化特征。

1. 叙事过程渗透文化要素

叙事教学法下的国际中文课堂，虽然并不刻意设置文化讲解环节，但是却将文化要素潜移默化地渗透在叙事过程中，引导学生主动探究，培养中文思维，体会中华民族道德精神。例如，在"中秋"一课中，学生一开始并未发觉节日故事背后所体现的民族精神，但是在教师"如果嫦娥把药给了蓬蒙怎么办？""那么大家觉得这种事情会发生吗，为什么？"等提问的引导下，学生开始产生疑问，主动思考，探究其中的原因，知悉了中华民族自古以来

[①] 刘珣，《对外汉语教育学引论》，北京：北京语言文化大学出版社，2000年，第121-122页。

的勇敢抗争精神。国际中文教学一向强调学生的主体地位，教师只是起到辅助引导作用，特别是文化本身性质决定其无法像语言知识那样系统讲解，而是需要沉浸感受。所以，在叙事过程中渗透中国传统节日文化要素，并且引导学生主动探究，加深学生对文本的理解。

2. 结合真实情境进行叙事表达

传统节日故事中蕴藏的中国民族精神作为一种文化传承，仍然适用于今时今世。故事情节同情感色彩结合完成一个完整的叙事活动，再创设真实生活情境将其带入，突出文化要素。例如，学生深受"介子推"和"屈原"为国捐躯的爱国精神触动，所以在课堂中展开讨论包括埃尔顿·塞纳（Ayrton Senna da Silva）[①]在内的巴西真实爱国故事，并且在学习完这两课后，融合两个故事的主要情节，编写一个全新的"张定和国王"的故事，讲述了"张定"为保护国王和家乡而牺牲自己，赞美了他的爱国精神。学生将巴西真实社会背景融入这篇作文中，达成了在真实生活情境中完成叙事表达的文化目标。

3. 避免其他文化因素干扰叙事课堂

巴西学生性格活泼，思维活跃，所以在国际中文课堂中经常发散思维，询问一些教学计划之外的内容。例如，在"元宵"一课中，学生问起"什么是算命""什么是天地"，当教师解释完"算命是一种占卜"之后，学生还会表现出强烈的好奇心，继续追问"算命是真的吗""老师你会算命吗"等各种问题。如果此时教师不能及时制止，问题就会向着他们更感兴趣的方面展开，偏离课堂和节日本身。所以，为了能够按时完成教学任务，教师要在

---

① 埃尔顿·塞纳（Ayrton Senna da Silva，1960年3月21日—1994年5月1日），巴西职业赛车手。

叙事课堂中牢牢把握课堂节奏，避免受不确定因素和其他文化因素的影响偏离课堂主题。

（五）挖掘叙事文本下的深层次文化内涵

中国传统节日起源于农耕文明，历经千年历史的沉淀，涵盖多种学科内容，蕴含中华民族文化内涵，在整个中国文化体系中占据重要位置，同时也在世界人类文明遗产中留下了浓墨重彩的一笔。叙事文本下的深层次文化内涵，不但是传承复兴优秀民族文化的重要载体，同时还是向外传递中华民族文化的行之有效的方式。在叙事教学的过程中，教师可以利用多种叙事形式和适度文化拓展，引导学生感受中国传统节日的文化内涵。

1. 多种叙事方式体会文化内涵

通过"视频导入""角色扮演""展开想象""教学小结"等教学环节，可以帮助学生理解中国传统节日所寄托的美好祝愿及文化内涵。例如，在"自然节气"一课，通过"视频导入"探知农耕文明下的古代劳动人民遵循自然规律，祈盼时和岁丰；在"除夕""中元"两课，通过"角色扮演"身临其境与团结协作、孝与亲缘等中华民族美德；在"中秋"一课，通过"展开想象"感知中华民族自古以来的勇敢抗争精神；在"端午"一课，通过"教学小结"深入分析爱国精神与民族情怀等。这些叙事教学形式多变有趣，学生在学习的过程中自然体会到中国传统节日的文化内涵。

2. 叙事对比加深理解文化内涵

在"除夕"一课中，因为叙事文本较为简单，所以师生在余下的课堂时间里共同讨论了中国新年"除夕"和巴西新年"元旦"的异同之处，学生通过叙事方式对两个节日的文化对比，加深了对中国传统节日内涵的理解，而且这部分课堂计划之外的讨论内容也被学生们写进课后作文之中，一定程度上反映了中西文化对比方式的教学优势。

还有件事情特别有趣，在讲到"中元节"地藏救母的故事时，发现在英语中是没有"孝"这个词的，需要用"虔诚"和"尊敬"两个词对其进行翻译。虽然这并不意味着英语文化中没有"孝"这个概念，但是可以看出"孝"这个字确是蕴藏中国文化特点的。教师可以借此作为切入点，引导学生通过叙事方式比较中西文化的不同之处，通过对比的方式加深学生对中国传统节日文化内涵的理解。

3. 适度进行叙事文化拓展

在"中秋"一课讲到嫦娥的勇敢抗争精神时，学生用刚看过的电影举例，"就像花木兰一样"，这一举例给笔者带来很大的灵感，在国际中文教学中适度展开文化拓展能够帮助学生更好地理解中国传统节日文化内涵。例如，在讲完"后羿"和"嫦娥"的故事后，拓展"牛郎"和"织女"的爱情故事，导入另一传统节日"七夕"；在讲到"孝"的概念时，代入"二十四孝"的故事，即古人的二十四种关于"孝"的行为，帮助学生体会"孝"文化在中华美德中的重要地位等。综合课堂反馈，学生不会觉得此类文化拓展是学习负担，相反，他们始终对此表现出极大的兴趣和学习愿望。

（六）纠正总结叙事语言错误形成案例

在叙事课堂的诸多课堂活动中，学生一方面进行大量的语言输出，另一方面也暴露了一些语言错误，或为语言失误，或为习得偏误。教师要对其及时纠正总结并形成教学案例，在此处提供一些实际课堂案例以及处理方式以供参考。

1. 纠正总结叙事语言错误

学生在复述故事时经常会发生一些语言错误，其中包括语言失误和习得偏误。

偶然性的语言失误一般是字词使用不当，往往源于学生不够细心，如"应该"和"因该"，"出来"和"去来"，"一会儿"和"几会儿"等。教师要对其进行及时纠正。一方面要及时提醒，避免学生一错再错，影响其他语言知识的学习；另一方面要私下提醒，避免给其他使用正确的学生造成错误语言输入。

而一些或个性或共性的习得偏误一般包括句式语法等，如"很多说话"和"很多做事"，"做他说的话"和"做了万圣节"等，针对此类语言错误，教师可以先在课堂稍做纠正，向学生输出正确的句子，然后在课后进行归纳整理，形成一个单元总结。一方面，此类语法点较大，如果在课堂直接提出，难免需要花费一些时间进行讲解和操练，打乱教学进度；另一方面，受母语负迁移影响，这些偏误在许多学生身上存在着，需要教师进行总结并统一讲解。对于有此类偏误的学生起到纠正作用，对于没有此类偏误的学生起到预防作用，这也更能体现对此语言点的重视程度。

2. 形成叙事教学案例

教学案例是一个包含有疑难问题的实际情境的描述，是一个教学实践过程中的故事，描述的是教学过程中"意料之外，情理之中的事"。[①] 作为一门新兴学科，国际中文从 20 世纪 50 年代发展至今，时间并不很长，同其他教育类学科比较，教学案例较为稀缺，叙事教学法下的教学案例更是寥寥可数。

---

① Carnegie Task Force, *A Nation Prepared:Teachers for the 21st Century*（《准备就绪的国家：二十一世纪的教师》），1986 年。

此次在巴西伯南布哥大学孔子学院进行的教学实践便是十分难得的案例资料，能够为包括中国传统文化教学、巴西国际中文教学、国际中文教学法等在内的诸多课堂提供参考。所以，形成教学案例无论是对教师自身发展还是对整个国际中文发展都起到重要作用。

首先，叙事教学案例的形成，需要教师对整个教学过程进行真实全面的回顾，并对自己和学生的表现进行客观且深刻的反复分析。在学生允许的情况下，可以对课堂进行录制，一方面，这种方式可以最全面地记录和观察课堂，直观并且客观；另一方面，教师很难在课堂中纤悉无遗地观察到学生的课堂反应，观看课堂回放可以帮助教师观察到一些未能在课堂中及时注意到的细节。例如，在"元宵"一课中，学生们经常在回答问题环节一起作答，教师未能听清其中一名学生一直把"天地"说成"大地"，在回放录课时教师反复播放，才知道他在讲解生词环节走神，后期也不够认真，将叙事文本看错。所以教师在下一课时上课前对此进行纠正，避免了学生一错再错。

其次，与"叙事教学法"同出一辙，以"叙事"的方式记录教学案例能够最大限度地还原课堂。一个叙事单元包括但不限于课堂情境和语言神态动作等，如在"除夕"一课中，如果以传统方式记录课堂，可能只是对整个教学过程进行客观复述，但是以叙事方式记录课堂，就会在记录的过程中加入"学生身穿红色敲锣打鼓""吓跑'夕'后不约而同地集体欢呼"等情境描述。两者相比，可以看出叙事方式更加生动鲜活，有声有色。所以，在叙事教学法下的课堂中，学生完成叙事作文，教师完成叙事案例，达到双向检测的效果。

最后，在叙事教学案例的整理中，可以充分参考同事和本土教师的意见和建议。此次在巴西伯南布哥大学孔子学院的实习过程中，笔者有幸和诸多优秀的国际中文教师共事，他们给予笔者在叙事教学法实践方面很多的想法和思考。例如，在"英雄人物类"节日教学中，学生在第一课时产生畏难情绪，所以笔者立即向同事请教，综合其建议及时调整教学方案，在第二课时解决了问题；又如在"宗教信仰类"节日教学中，因涉及巴西本土节日"万圣节"，所以笔者在课前向本土教师询问了诸多节日风俗和注意事项，最后课堂教学效果良好。这两部分的事例都被笔者整理进教学案例并加以分享。

五、总结

叙事教学法强调在教学过程中创设真实语言环境与文化世界，从情节和情境两个角度使学生产生身临其境之感，从而提高他们的知识、技能与情感认知水平。叙事教学法形式多样，灵活自由，能够最大限度地给予学生主体地位与发挥空间，培养学生的叙事能力、语篇能力、记忆推理能力、情感认知能力等。不但适用于不同年龄阶段与中文水平的学生，而且适用于不同文化背景与生活经历的学生，教学效果比较理想。

与之相辅而成，叙事教学法也对教师提出了更高的要求，要求教师拥有充沛的知识储量、丰富的教学经验及大量的课前准备。只有如此，教师才能够在叙事教学中统筹课堂，把握课堂节奏，应对诸多状况，使课堂有序高效。笔者曾因课前考虑不周，未对较难叙事文本进行分层设计，导致初级水平学生产生畏难情绪，这对笔者而言是一次警醒。教师一定要尽自己最大努力在课前做好周全准备，并且多在平时预设并锻炼自己应对突发状况的能力。

由于叙事教学法是新兴教学法，可资参考的资料较少，所以无论是理论研究还是实践研究都处在"摸着石头过河"的阶段，对于部分内容的探究或许尚欠充分。同时，由于时间所限，笔者对于叙事教学法与国际中文传统文化课相结合的研究深度与研究广度也有所欠缺。在今后的学习和工作中，笔者会继续对不足之处进行补充和完善，为国际中文教学事业的发展贡献出萤火之光。

第六章 巴西东北部地区国际中文教学浅析

中国拥有 960 万平方千米国土面积，人口总数达 14 亿多，位居世界第二大经济体，彰显出不容忽视的国际地位。无论在旅游、科技，还是商业领域，中文这门语言都展现出强大优势，学习中文也已成为一种全球现象。[①]

下面笔者将分享一位本土中文教师——伍德俊（Alexandre）在巴西东北部的教学经验和教学方法，以及中文在巴西的未来展望。

一、担任本土中文教师的经历

2018 年年末，为了加强师资队伍建设，吸引更多的本土中文教师参与中文教学中，实现孔子学院的蓬勃发展，巴西伯南布哥大学孔子学院特地举办了巴西本地中文教师招聘面试。

伍德俊出生在巴西伯南布哥州首府累西腓市，曾在中国高校学习过两年中文，拥有扎实的中文功底和丰富的中文教学经验。在招聘面试的教学

---

① Cresce Importância do Mandarim，Língua Chinesa Vai Substituir o Inglês Mandarim. Estudar Fora, 2020.

演示环节，伍德俊以中文拼音为主要教学内容进行了试讲，在讲课过程中不仅强调了中文拼音的重要性，还详述了声母、韵母及声调的发音规则。期间，伍德俊跟孔子学院的中外方院长及其他听课教师进行了课堂互动，并对其所提问题依次进行了回答。他们都肯定了伍德俊的中文水平和中文教学能力。

伍德俊自 2019 年年初开始，每学期至少承担 2 门中文课程的讲授任务，学生的中文水平大都是零基础或初级水平，每门课 64 课时，共 16 周的教学时数。值得一提的是，伯南布哥大学孔子学院与累西腓再就业培训中心在 2019 年首次合作，在累西腓再就业培训中心开设了零基础中文课程。该课程为期一年，免费向学员提供；授课时间为每周二和周四，授课地点位于博阿维斯塔区皇后街的"Centro de Educação Profissional Jornalista Cristiano Donato"。第一期中文学习班共有 15 名学生，学员会在当年 1 月份参加了"累西腓资质"计划招生选拔，该计划旨在帮助学员准备就业和创业。

二、有效的教学经验

在与学生的第一次会面中，伍德俊简要介绍了中国的文化和经济发展现状，以及学习中文的重要性。此外，伍德俊跟学生解释道中文是一门声调语言。也就是说，中国人说话时会改变声调，声调不同、意思就会不一样。中文语法比葡萄牙语语法简单得多，汉语动词不像葡萄牙语动词那样有很多变位。

在最初的课堂上，伍德俊使用如下教学方法讲授中文：通过图形的组成来展示字符和文字的书写顺序，详细解释字词的含义，以便于学生记忆、理解；强调理解中文语音和音韵学的重要性，解释中文与葡萄牙语语音和音韵学的主要差异，以及将拼音作为拼音音译开展教学，这是发音"阅读"的关键；朗读课文，练习汉字发音，特别注意声调的解释和练习；阅读和写作课堂用语或生词。

伍德俊还使用重复法进行主题教学，尽量选择一些日常生活中经常使用的表达方式，让学生从第一天上课开始就有充实感。例如，"你好，你好吗？""很高兴见到你""下次见"等。同时，在第一天的课堂上，伍德俊反复向学生们强调汉藏语系与印欧语系在语言逻辑形式结构上的差异，以及字母书写和表意文字在使用上的逻辑差异，让学生在脑海中牢记中文和葡萄牙语的区别。

在沉浸式地学习了一段时间中文后，学生们获得了用中文表达自己意思的机会，参加由伯南布哥大学孔子学院举办的许多中文活动。在伍德俊的第一门课上，经过一个月的学习，一些学生报名参加了中文歌曲比赛，其中一位学生在比赛中获得了第二名。伯南布哥大学孔子学院举办的各类中文活动，如中文比赛、书法班、国画班、功夫坊、舞蹈、手工等形式多样的中国文化主题讲座，一定程度上激发了学生学习中文的热情。伯南布哥大学孔子学院每周都定期举办文化活动，文化活动的常规化为学生提供了练习中文的平台。然而，美中不足的是，这些活动主要以英语授课为主，限制了巴西民众参与的人数。

约瑟夫·狄慈根（Joseph Dietgen）说："重复是完美之母"，这是巴西人学习中文的一种非常有效的方法。因为巴西学生很难把汉字牢记于心，所以在课堂上重复所学汉字的书写是非常重要的。需要强调的一点是：说和听是为了把它留在头脑中，但写作需要用心学习。但是，学生每周的中文课只有一次，要想在一周内让学生每天都重复练习课堂上教的内容，对学生而言是一个挑战。因此，中文教师的一个重要任务就是设计并开展综合性的中文活动，让学生能反复练习并积极参与语言习得实践。这种学习活动的时间不宜太长，因为学生还有工作或其他学习的任务，中文活动学习时间长了，就会成为学生的一种额外负担。伍德俊一般设计并开发每天15～30分钟的活动内容，并将中文内容整合到学生日常生活中，这样可以让学生与中文的接触不局限于课堂或不连贯的日常练习中。

随着学生学好新词汇，形成基本句子，伍德俊鼓励他们用中文进行自我介绍和演讲，以提高表达自己的能力。在课堂上，伍德俊很少用葡萄牙语解释中文，这样他们就可以在课堂上培养自己的听力和注意力。在伍德俊的教学经历中，伍德俊意识到有些教学方法在学习中文方面相当有效。一是要充分了解学生，了解他们的主要兴趣爱好，并以此为基础，通过问答，鼓励他们用中文词语表述他们喜欢做的事情。比如"踢"这个字，问一个喜欢足球的学生："你踢足球吗？"在解释了这个问题的意思之后，让他回答，你会发现他几乎不会忘记这个词。二是课堂上可以采用闪卡、单词联想、搜索同义词和反义词，以及借助中文歌曲、电影等方式，鼓励学生重复使用所学内容，这样能让学生潜移默化地记住中文词语或中文表达。三是利用多种教材和教学工具辅助教授中文。伍德俊经常使用Pleco汉词词典、《跟我学汉语》、《当代中文》和《新实用汉语》等辅助教学，受到学生的欢迎。

三、巴西孔子学院中文教学存在的问题

巴西孔子学院在教授中文过程中，面临的最大问题就是，如何实现教师、教材和教学方法的本土化。巴西目前有 11 所孔子学院和 1 个孔子课堂，除圣保罗州立大学孔子学院等少数孔子学院外，教授中文的本土教师非常少。巴西东北部经济欠发达，由于经济方面的原因，有机会学习外语的人不多，学习中文的人数就更少了，总体而言巴西学生缺乏对中文和中国文化的了解。此外，巴西孔子学院使用的教材大都是中英互译的教材，尽管也有极少数版本的中葡互译教材，但是教材里面的葡萄牙语是葡萄牙人使用的语言习惯，而非巴西人使用葡萄牙语的语言习惯，巴西学生在使用这种教材时很费解，特别是教材中的练习部分，巴西学生觉得有些练习内容是机械的、重复的，不太符合巴西学生使用的习惯。巴西学生喜欢教材练习的内容与他们的日常生活和兴趣相关联，所以教师在讲授中文或布置课堂课后作业时，要提前熟悉巴西文化特点和巴西学生的性格特征，精心设计教学内容，将讲授的内容与他们的文化特点、生活习惯和语言习惯等融合起来，让巴西学生容易接受、感觉亲切。

此外，巴西孔子学院的中文教学也遇到了一些外部困难。上面已经提到，巴西东北部与南部许多城市相比，经济较为落后、发展比较迟缓。即使在里约热内卢、圣保罗和萨尔瓦多等经济发达、教育质量较高的大城市，有机会学习外语的巴西民众数量仍然不多，主要原因还是受制于经济上的困难，经济压力大、生活入不敷出迫使他们更关注于工作或劳动，没有太多的时间去了解外国语言或他国文化。在他们的生活中，往往远离参与诸如学习中文或其他语言之类的活动。当大多数巴西人有机会接触其他语言时，受传统政治、

经济、语言和地缘的影响，他们一般倾向于优先考虑英语，然后是西班牙语，优先选择中文的寥寥无几，因为绝大多数巴西人对中国、中文知道得太少了。尽管中文是全球使用人数最多的语言，但是在巴西人的心目中，英语仍然是他们的首选，享有不容动摇的地位。目前，我们注意到巴西一些州政府与孔子学院合作，在公立学校开设中文课程，甚至纳入学分选课系统，这些举措令人振奋，但是它们面临着与巴西基础公共教育不可避免的不适应性，以及缺乏训练有素、母语为葡萄牙语、中文表达流利的专业人士。

四、巴西学生学习中文遇到的问题

巴西距离中国很远，两国之间的语言和文化交流，相比英国、法国、葡萄牙、西班牙等西方国家的语言和文化交流而言，还处于初级阶段。尽管如今，在互联网上，找到中文视听内容或中文文字内容的材料比较容易，但是学生能否听懂、理解上述内容，就不那么容易了。因为中文和葡萄牙语属于不同的语系，两国之间的文化也存在很大差异，导致学生在学习中文的过程中面临很多困难。另外，巴西民众在学习中文和中国文化时，在他们的日常生活或者语言使用过程中，很难接触中国人或中文使用者，因此，巴西民众缺少锻炼听、说或者了解中国文化的机会，而不像英语、西班牙语等西方语言，由于历史的原因和整个文化产业的问题，巴西民众每天都可以与之接触。

汉字书写和识记也给巴西学生带来了巨大的挑战。首先，汉字对于拉丁语系的人来说，无疑是一个新鲜事物，尽管汉字书写起来非常有美感，书法还是一种高级艺术表现形式。对于从未接触过汉字的巴西学生而言，汉字书写是一种需要不断实践的学习过程。这个过程与巴西民众的日常生活、学习或工作毫无相关，如果没有极大的兴趣爱好，他们往往很难坚持练习或愿意书写汉字。如何促进和激发巴西学生对汉字的兴趣，是摆在孔子学院面前的一个重要问题。伍德俊认为教师在进行汉字教学和练习时，可以将汉字书写的教学和实践与汉字文化内容相结合，如汉字起源的逸事、部首笔顺的发展、书法的变迁等。通过文化内容的讲授，可以使学生在了解汉字的文化知识的同时，增加他们的兴趣和学习动力。其次，教师要善于根据巴西学生的特点，在遵循汉字习得规律性的基础上，设计出适合他们书写和识记汉字的练习方法，帮助他们很好地书写、识记。这对教师提出了较高的要求，但也是最为可行的办法。最后，孔子学院通过每周的文化活动和讲座，或者定期播放电影、音乐、电视剧等，增加巴西学生沉浸在中国文化和语言中的时间，让他们每天都能接触、使用，创造耳濡目染的环境。同时，孔子学院可以加大奖学金项目、夏令营项目等参与人数，为他们前往中国学习提供更多的机会，极大地激励他们学习中文、了解中国文化。

五、结语

中文已经成为世界上最重要、最流行的语言。在巴西越来越多说中文的人在就业市场上成为更有价值的专业人士。限制巴西学生的主要瓶颈是缺乏精通汉语和葡萄牙语的教师，以及葡萄牙语学习材料。因此，伍德俊认为在中文教学和文化推广环节中要取得更好的效果，必须鼓励巴西人和中国人从事语言教学的翻译工作，以便两国的教学内容都能在教学文本中建立关系，让尚未了解两国文化或语言的非专业学生逐渐熟悉。

关于课堂教学和互动，伍德俊建议采取更大的激励和培训措施，以便来自中国的中国教师及巴西本土教师在教学中能尽快适应中国和巴西两国文化。熟悉两国文化和人文特点，可以防止教学过程教师与学生的沟通受阻，打破他们之间语言、文化方面的障碍，进一步提高学生学习中文的热情，增强他们学习中文的信心，提升孔子学院的教学质量和水平。

第七章
孔子学院在巴西东北部开展文化活动的思考[①]
——以伯南布哥大学孔子学院为例

在全球人文交流与合作中,语言是一项至关重要的工具。孔子学院作为我国推广中文教学、传播中国文化的海外重要平台,其影响力与日俱增。国内外学者对巴西孔子学院的研究论题颇多,但主要集中在教学、教师和教法等领域,专注于文化推广活动的研究却寥寥无几。国际中文教学研究固然重要,但文化推广的研究也不能忽略。作为孔子学院活动功能的两翼,二者的研究都需要高度重视,以期更好地向巴西民众传播中国文化,促进中国和巴西两国文化的交流与融合。

随着中国和巴西双边关系不断升温、双边合作不断深入,中巴两国的经贸往来和人文交流日益频繁,进入了更加成熟、稳健的发展时期。语言教学和文化推广作为中巴人文交流的重要组成部分,探索如何在巴西开展中文教学和文化推广的有效路径就显得尤其重要。本章以巴西东北部伯南布哥大学孔子学院为研究对象,采取问卷、访谈等形式,通过对该孔子学院文化活动

---

① 硕士论文原题目为"巴西伯南布哥孔院中国文化活动现状调查报告",2020年5月。此论文作者做了一定的修改。

现状和开展情况进行调查与分析，指出孔子学院在巴西东北部开展文化活动时存在的问题和制约因素等，结合巴西东北部的人文特点，进而提出在巴西东北部开展文化活动的可行性建议。

一、伯南布哥大学孔子学院文化活动现状的概况

近年来，伯南布哥大学孔子学院在开展文化活动方面，摸索出了一条适合自己的路子，逐渐形成了自己的特色。伯南布哥大学孔子学院文化活动形式多样，主要包括文化沙龙、电影讲座、中文歌比赛、汉语桥比赛、国际中文日、中国文化周、孔子学院日、社团、传统节日庆祝等；文化活动内涵丰富，涵盖了民乐、舞蹈、国画、书法、武术、茶艺、中医、手工、传统服饰等中国文化的精萃部分。随着孔子学院文化活动的持续发展，文化活动的内容和形式也在不断完善与创新，为巴西东北部民众认识中国、了解中国文化发挥了不可替代的作用，为两国未来进一步的合作与交流打下了坚实的人文基础。哈罗德·拉斯韦尔1948年在《社会传播的结构与功能》一文中首次提出"5W"传播模式理论，包括5个基本构成要素：谁（Who）、说什么（Say What）、通过什么渠道（In Which Channel）、对谁（To Whom）、取得什么效果（With What Effects），意思是组织者通过什么途径向谁传递了什么样的内容，最终效果如何。[①]

本章将以拉斯韦尔的"5W"理论模式为依据，通过问卷调查和访谈等方式，

---

① 郭庆光，《传播学教程》，北京：中国人民大学出版社，2011年，第248页。

分别从传播者、受众、传播内容、传播媒介、传播效果5个方面来对孔子学院文化活动的开展情况进行研究。

（一）谁（Who）：传播者

在"5W"理论模式中，谁（Who）就是指传播者。伯南布哥大学孔子学院的文化传播者主要包括国际中文公派教师、国际中文志愿者教师和本土教师。其中，国际中文志愿者教师是伯南布哥大学孔子学院文化传播的主力军。

目前，伯南布哥大学孔子学院仅有1名男性公派教师，葡萄牙语本科专业，主要负责孔子学院本部文化活动的管理和策划。2013年至今共有两任公派老师分别在孔子学院任教，每次任期4年。随着伯南布哥大学孔子学院在累西腓影响力的增强，中文教学和文化推广的需求也在不断攀升。因此，为更加有效地推广文化活动，弥补师资力量的不足，孔子学院于2018年招聘了1名本土教师，主要负责孔子学院本部和累西腓市就业辅导中心的中文教学，并参加孔子学院举办的各类文化推广活动。

伯南布哥大学孔子学院自2014年开始，向教育部中外语言交流合作中心（前身是中国国家汉语国际推广领导小组办公室）申请国际中文志愿者教师，每年会有两批国际中文志愿者教师分别于3月和8月赴任。截至2020年8月，共有38位国际中文教师志愿者在伯南布哥大学孔子学院任教，其中女教师31人，男教师7人；研究生学历32人，本科学历6人；所学专业主要涵盖汉语国际教育、英语、教育学、财经新闻、体育经济、文字学、保险学等。新冠疫情突袭后，鉴于巴西疫情的严峻形势，孔子学院暂停了派遣国际中文教师的申请。

（二）说什么（Say What）：传播内容

传播内容指"说什么"，即文化活动的具体内涵。近年来，伯南布哥大学孔子学院根据以往的经验和当地的实际，对文化传播的内容进行了一定的创新和完善，具有以下三个特点。

其一，定期举办文化沙龙和电影之夜系列活动。孔子学院每周五下午定期开展的中国文化沙龙和中国电影之夜系列活动已成为其品牌文化活动，涵盖武术、中医、书法、国画、手工制作、民族节日、美食、茶艺、陶瓷、民族乐器、中国电影赏析等文化讲座和文化体验。另外，孔子学院成立了合唱团、舞蹈团、民乐团、书法班、功夫坊和手工坊等文化社团，每周五下午定期举办文化讲解和体验活动。通过丰富多彩的主题、生动有趣的讲座和身临其境的体验，吸引了众多学生和周边社区民众的参与。

其二，依托汉语桥、孔子学院日等传统项目和名家艺术展展现中华文化的魅力。孔子学院通过举办"汉语桥"中文比赛，中文歌曲比赛，孔子学院日庆祝活动，春节联欢晚会，中国传统节日庆祝活动，中国摄影家协会作品展，民族摇滚音乐家苏阳音乐分享会，电影《启功》的导演与观众见面会，学生夏令营访华团和其他中巴交流访问团，以及承办"龙腾狮跃南美行"累西腓站演出等，加深了学员和民众对中国文化内涵的理解，进一步促进了两国文化的交流互鉴。

其三，走出课堂，深入社区，将中华文化送进千家万户。孔子学院借助累西腓国际文化节、康帕斯社区文化中心、大型商场等平台，为累西腓市民展示中国舞龙、舞狮、舞蹈、音乐、武术和书法等传统文化；每年在伯南布哥联邦大学和其他教学点举办"中国文化周"主题活动。孔子学院还于2017年6月份组织全体教师前往洪水灾害严重的卡滕迪（Catende）地区发放食品等赈灾物资,将爱心和温暖传播到巴西贫民社区;于2020年3月应巴西著名Globo电视台邀请,孔子学院教师参与拍摄专题节目,让中巴舞蹈艺术与文化进行交流与碰撞。

孔子学院采用文化介绍、亲身体验、情景互动等方式,充分激发了巴西民众对孔子学院文化活动的兴趣,在娱乐中了解中国文化,增加了文化活动的趣味性。

1. 文化沙龙、电影之夜和中国文化周

文化沙龙和电影之夜每周一次、交替举办,每次时长为两个小时。学期伊始,国际中文老师根据孔子学院的要求,提前确定文化讲座和电影的主题及大纲。活动前一周,主讲教师在孔子学院 Meta（元宇宙,由 Facebook 改名而来)和各班的 WhatsApp（一款用于智能手机之间通信的应用程序)群进行宣传。这两项活动的内容和形式类似,主要分为理论讲解和情景体验两个部分,老师用英语或葡语向学生介绍讲座和影片中蕴含的中国文化,比较两国文化的异同,帮助学生初步了解中国的文化和电影主题,最后通过视频、音乐、图片或影片等方式加深对中国文化的理解。同时,根据活动需要,教师会设定体验环节,邀请学生参与体验类活动,亲身感受文化内涵。中国文化周活动则是由孔子学院与本地公立大学合作,一年举办一次,活动内容包括国画、传统服饰、茶艺、功夫以及民乐等,丰富多样、耳目一新的东方文化极大地吸引了巴西学生的关注。

2. 汉语桥和中文歌比赛

汉语桥和中文歌比赛两项活动每年举办一次,举办时间均为上半年,每次时长约为3个小时,主要以竞赛的方式进行。"汉语桥"不仅是一场比赛,而且是孔子学院的宣传窗口,每年孔子学院都会选拔一批中文水平较高的学

生参赛，并对他们进行专业培训，选送参加巴西赛区大学生或中学生汉语桥总决赛，以期他们能够取得好成绩。该项比赛采取中葡双语主持的方式，即由一名国际中文老师和本土教师或较高中文水平的学生搭档主持，活动穿插游戏环节和文艺节目，观众在感受孔子学院高水平选手中文魅力的同时，又可以参与游戏和观看表演。

中文歌比赛的歌曲，由国际中文教师和学生共同商定。歌曲选定后，国际中文教师及时对学生进行歌词、曲调、唱法等的辅导。因为教师了解学生的中文水平，可以根据学生中文水平选择难易程度与之相适应的歌曲。中文歌曲比赛面向社会开放，鼓励学生邀请亲朋好友或者同事到孔子学院礼堂现场观看，这对扩大孔子学院影响力起到一定的宣传作用。

3. 学生社团和孔子学院日

孔子学院学生社团主要包括合唱团、舞蹈团、书法班、国画班、手工坊、民乐坊、功夫坊，以满足不同学生的兴趣偏好。社团活动每周一次，均以体验形式进行。合唱团和功夫坊配备了巴西专业的本土音乐教师和武术教师，手把手进行指导和排练；其他社团则由国际中文教师担任指导。孔子学院日定在每年9月27日举办庆祝活动，由于时间跟中国传统节日中秋节相近，孔子学院一般都将孔子学院日和中秋节一起庆祝。庆祝活动大都以文化讲座开场，讲座主题围绕中秋或孔子等文化内容展开，通过中国特色饰品装扮孔子学院，组织丰富多样的中国游戏来烘托节日氛围，吸引巴西民众参加。反响比较好的游戏有猜字谜、折玉兔、你画我猜、套圈、沙场点兵等。

4. 春节联欢会

春节联欢会是伯南布哥大学孔子学院每年的压轴文化活动，举办时间一般在1月上旬。春节联欢会的节目丰富、形式多样，主要包括舞蹈、歌曲、武术、乐器、服装秀、小品、手语操、快板等，演员主要以学生为主，每年都会吸引很多巴西民众前来观看。春节联欢会的所有节目都用中文，为了保证演出质量，会至少提前一个月进行排练。演出既增添了联欢会的可观赏性，又为学生提供了沉浸式中文环境，有利于学生中文水平的大幅提升。

伯南布哥大学孔子学院每次开展大型活动，均会邀请中国驻累西腓总领馆总领事、当地侨界德高望重的老侨领、各同乡会的会长及青春活泼的华裔新生代表等，他们在当地都具有相当的声望和影响力。通过借助他们的力量，有助于孔子学院在当地开展中国文化的推广活动。

（三）通过什么渠道（In Which Channel）：传播媒介

传播媒介是实现传播行为的手段，在整个传播过程占有非常重要的地位。传播的内容再精彩，如果无法使更多的人知晓，不能吸引到大量的巴西民众参与，也就无法起到预期的效果。在文化活动领域，传播媒介即活动的宣传方式，伯南布哥大学孔子学院文化活动的传播媒介主要有电子海报和 Meta 两种手段。通过 WhatsApp 群发送海报是宣传活动的主要方式之一，日常小型活动的宣传由负责老师提前一周将相关信息发布在 Meta 上。而像孔子学院日、汉语桥比赛、中文歌曲比赛、春节联欢会等大型文化活动，需要提前一个月在孔子学院的 Meta 主页上进行定期滚动宣传。另外，各班老师还需提前将电子海报发送至班级的 WhatsApp 群，欢迎学生邀请亲朋好友参加。所有活动免费向公众开放，任何人都可以携家人朋友一起参加。

（四）对谁（To Whom）：受众

受众就是"对谁"，指传播对象。伯南布哥大学孔子学院文化活动的受众主体，主要包括社会人士和在校学生两大类。

由于工作、家庭等因素，社会人士主要偏向于参加周末举办的汉语桥比赛、中文歌曲比赛、中秋晚会、春节联欢会等大型文化活动。该类受众主要以学生的亲友和对中国文化有浓厚兴趣的人为主，类型不固定、辐射范围窄，参加活动人数也不稳定。但是，由于孔子学院举办的大型活动内容丰富多彩、活动效果显著，因此，该类受众对活动的评价较高，能够基本满足他们了解、体验中国文化的需求。

在校学生是最主要的受众主体，包括小学生、初中生、高中生和大学生。小学生指从幼儿园到小学六年级的学生，年龄为6～12岁；初中生年龄为13～15岁，高中生年龄为16～18岁，孔子学院初高中生学员所占比例较少，每学期不到5人；其他均为大学生或研究生，年龄从19～30岁不等，大学生属于文化活动的中坚力量。孔子学院学生主要来自伯南布哥大学、伯南布哥联邦大学、伯南布哥联邦农业大学、公立高中和小学、私立大学、私立中小学等，其中具有华裔背景的学生约占20%；初级班到高级班学生的年龄分布在5～20岁左右，年龄层次丰富、性格特征各异。小学生因年龄较低，认知能力不足，一般不会主动参加孔子学院举办的文化活动；初中生处于青春叛逆期，活动配合度也不高；高中生各方面比较成熟，认知和自控能力较强，能够积极地参加孔子学院的文化活动，并愿意在文化活动中参与互动。此外，参与孔子学院文化活动的受众，中文水平大都不高，零基础和初级水平占绝大多数。

（五）取得什么效果（With What Effect）：传播效果

"效果"指受众接收到信息后认知、情感等方面产生的反应，它是衡量传播活动是否举办成功的标准。① 文化活动的传播效果是指活动参与者对所参加活动的反馈评价。截至目前，孔子学院教师对文化传播活动的效果评价比较积极。但是，来自受众的反馈较少，少有的反馈也仅仅来自教师与个别受众的交流，以及活动观察总结而来。值得欣喜的是，有限的反馈中都是较为积极的评价。

二、伯南布哥大学孔子学院文化传播活动的调查与分析

（一）问卷和访谈调查

缺少受众对活动的反馈和对受众的需求调查，是伯南布哥大学孔子学院开展文化活动存在的一个突出问题。为了更好地了解受众真实的需求和反馈信息，我们采用随机的方式对孔子学院的受众进行了问卷调查。调查问卷收回 66 份，均为有效问卷。调查对象包括学生、教师、工程师、企业家、专业技术人员、公司员工及自由职业者；初中级中文水平受众人数达 60 人，高水平的受众仅有 6 人，占比分别为 90.9% 和 9.1%；年龄在 30 岁以下的受众有 54 人，占比为 81.8%；本科及以上学历的受众有 61 人，占比为 92.4%。

为更好地研究伯南布哥大学孔子学院文化活动的开展现状，全面了解伯南布哥大学孔子学院文化活动受众人群的特点和推广活动中出现的问题，我们还对伯南布哥大学孔子学院的中巴方院长和国际中文教师进行了一对一的

---

① 哈罗德·拉斯韦尔,《社会传播的结构与功能》,展江、何道宽译,北京：中国传媒大学出版社,2013 年,第 35-36 页。

访谈，旨在总结文化活动中的经验和不足，为将来孔子学院文化推广活动的顺利开展提供借鉴。

（二）问卷调查及访谈结果分析

1. 问卷调查分析

（1）受众：经调查发现，孔子学院学员呈金字塔结构，基数大，塔尖人数少，中文水平大都处于初中级，高级水平的学生仅占0.1%。众多巴西学生从初级过渡到中级的过程中，因为各种原因放弃了中文学习，高级水平人数过少一直是困扰伯南布哥大学孔子学院发展的问题。为了解受众对中国的印象及对孔子学院文化推广活动的评价，问卷设计了"你对中国的印象是？""你知道中国哪些当代科技文化？是否愿意深入了解？""你认为伯南布哥大学孔子学院的文化推广活动存在哪些不足？"等问题。

问卷结果显示，受众对中国的了解程度较高。他们对中国的印象已经不仅仅停留在武术、书法、戏剧和茶艺等传统文化方面，中国的移动支付、城际高铁和华为科技等中国当代文化已经深入受众内心，甚至对中国现当代小说、电影和音乐等意识形态的印象也占了19.7%。在调查的66人中有65人都选择了愿意深入了解中国科技文化，同时受众对小米、华为（87.88%），天眼、大疆无人机（约56.06%），腾讯、阿里巴巴（约54.55%），港珠澳跨海大桥、大兴机场（约45.45%）等当代中国科技的了解也令人吃惊。这足以说明国际中文教师在课堂上文化知识的传播及文化活动的开展效果，是显而易见的，在一定程度上打破了巴西人对中国文化的刻板印象。

在"孔子学院文化推广活动存在哪些不足"的调查中，50%受众认为孔子学院文化推广活动宣传力度不足，然后是缺少当代文化内容（33.33%），注重传统文化、忽视当代优秀文化（25.76%），内容不够丰富（10.61%），活动形式单一（16.67%），其他原因占16.67%。此外，有学生指出，孔子学院从未开展过中国动漫、漫画和游戏相关的文化活动，活动举办的时间与学生上课、上班的时间冲突，希望活动时间可以弹性化。因此，在前期策划活动时需要着重考虑活动的时间并适当调整活动的内容，加强活动形式的创新。

（2）传播内容：为了解受众对中国哪些方面的文化感兴趣，对孔子学院现有文化活动内容的喜好，以及还想了解、体验哪方面的文化活动，问卷设计了"你对以下哪个项目感兴趣？""你是否希望孔子学院开设文化教学课程？""如果在中文课上开设文化教学，你想要了解哪方面的知识？""是否愿意体验淘宝、扫码支付、高铁、共享单车、抖音短视频？"等问题。结果显示如下。

第一，中国传统文化仍然是最受巴西民众欢迎的领域，淘宝、移动支付、高铁等当代科技文化紧跟其后，66.67%的受众表示非常愿意体验淘宝购物、移动支付、高铁、共享单车、抖音短视频等。问卷调查中，受众还提出了其他兴趣需求，他们对中国的历史、科技创新、动漫、社会主义经济制度及国际关系都表现出极大的兴趣。这说明伯南布哥大学孔子学院的受众，对中国文化了解的范围有限，想进一步了解的范围呈现多样性。因此，孔子学院在活动策划过程中要考虑到受众的不同兴趣需求，根据需求制定相应的活动内容，实现传播者和接收者双赢的局面。

第二，受众对活动内容的质量评价积极，并提出了新的期待。在66位调查对象中，64人认为孔子学院文化活动内容全面、品质较高（约96.97%）。所有调查对象均希望孔子学院在现有文化课程之外，能开设更多的文化教学课程。其中，呼声最高的是中国国情介绍（75.76%），中国人生活方式和意识形态紧随其后，大疆无人机、蔚来电动汽车、中国服饰、中国美食等的占比相当（约为57.58%）。另外，巴西学生对当代中国文学、中国歌曲、中国舞蹈、小说、影视、生物工程等也表现出极大的兴趣。

综上，中国国情、中国科技、中国服饰、中国美食等文化课程比较受巴西学生的喜爱；中国武术、中国传统舞蹈仍是吸引学生的主要板块，孔子学院的舞蹈和武术表演每次都引来观众喝彩连连，这可能与巴西人天生喜欢唱歌跳舞有关系；近年来，学生对中国的体育、教育、建筑等表现出一定的兴趣，成为他们想要了解的新领域。

（3）传播媒介：为了对传播媒介的途径进行深入研究，问卷调查了受众希望获取孔子学院文化活动信息的途径，发现1/3的学生希望通过社交平台来获取孔子学院活动的信息，这比较符合大部分巴西人的社交习惯，他们喜欢用Instagram（一款运行在移动端上的社交软件）和Meta交流、发布自己的个人动态。然后，22.73%的学生希望通过孔子学院的海报来获取文化活动信息，这也是目前伯南布哥大学孔子学院采取的主要传播媒介之一。还有一部分受众希望通过E-mail、广告和报纸等途径获取活动信息，这恰恰是伯南布哥大学孔子学院活动传播媒介中所欠缺的。

通过调查可知，受众了解伯南布哥大学孔子学院活动信息的途径主要来源于Instagram、Meta和中文课堂，渠道较为单一，形式不够多样化。随着中国和巴西互动交流日益频繁，巴西民众希望能够了解更加丰富多样的中国文化。因此，孔子学院可以创新宣传方式，拓宽宣传渠道，借助外方合作大学和总领馆的平台，在社交媒体、报纸电视、网站等广泛宣传；还可以通过举办活动的形式宣传自己，如举办当代中国教育论坛、趣味运动会、中国当代文化知识比赛等，不断加深巴西民众对孔子学院活动内容和信息的了解。

（4）传播效果：在对"你认为文化活动在当地开展的效果如何"回答中，47人认为孔子学院开展文化活动的效果很好，在当地获得了很好反响，约占71.21%；17人认为孔子学院开展文化活动的效果很好，但在当地的反响欠佳，约占25.76%；2人认为孔子学院开展文化活动的效果不好，约占3.03%。

在对25名国际中文志愿者教师的访谈中，他们认为孔子学院文化活动内容丰富、形式多样，特别提到文化演出和传统节日庆祝活动开展得卓有成效，然后是体验类活动（48%）、展览类活动（44%）、文化课（44%）、文化讲座（40%）、比赛（40%）。也有老师指出，孔子学院文化推广存在与当地文化融合不够的问题。

在孔子学院文化活动的开展及传播效果方面，13位教师认为效果很好，约占52%；11位认为效果一般，约占44%；只有一位认为效果不好，约占4%，原因是活动时间不够合理，地点局限，没有走出去。有一位老师提到，孔子学院教师对于巴西文化，尤其是对巴西东北部文化不了解，希望能够加深对当地文化的了解和学习，积极探索推进与当地文化融合的方法。具体调查结果如下。

第一，对活动的效果持积极肯定态度。综合学生的日常反馈，大多数国际中文教师认为，伯南布哥大学孔子学院文化活动的传播效果很好，但也存在两个问题，一是孔子学院文化活动绝大部分在孔子学院本部举行，未辐射到周边的社区、学校，并没有真正"走出去"；二是活动时间不够合理，孔子学院的活动基本上在周五下午进行，由于是工作时间，前来参加的人数不稳定，时而多时而少。

第二，一致认为演出类活动效果最佳。孔子学院应尽可能多地开展文艺演出类活动，着力增加活动的可观赏性，这样不仅可以调动受众参与的积极性，而且能起到增强孔子学院良好形象的效果。

第三，活动时间和地点受限，是影响效果的主要因素。首先，在孔子学院文化活动的局限性方面，文化活动时间和地点受限，是国际中文教师公认的影响效果的首要因素。其次，宣传力度不够和受众参与程度不高。二者之间存在因果关系，正是由于宣传手段有限、宣传力度不大、宣传范围较窄，才造成受众的参与度低。该原因在学生评价活动效果的调查中也得到了证实。最后，缺乏高质量的师资，孔子学院没有真正掌握中国传统文化和当代文化的师资，在文化介绍或讲解时，教师不能用通俗的语言将文化讲透，造成学生一知半解，没有达到预期的目标；同时，教师缺少现当代中国文化知识的储备，这与前面对伯南布哥大学孔子学院文化活动现状分析时一致。

近年来，巴西伯南布哥大学孔子学院在中国文化的传播方面取得了一定的成绩，扩大了中国文化在累西腓乃至巴西东北部的影响，进一步深化了中巴两国的文化交流，但是根据调查我们仍发现了一些问题，活动开展效果会受到经费不足、不了解当地文化、参与者不稳定、创新性不足等因素的约束与限制，这些都不利于孔子学院文化活动的可持续发展，今后需要采取积极有效的措施加以改善。

2.访谈结果分析

（1）巴西学生特点。

伯南布哥大学孔子学院的外方院长林硕彬院长是一位在巴西出生的台湾华裔，了解当地的文化和民众特点。因此，本书针对巴西学生特点对林院长进行了访谈，他认为在巴西，学生迟到现象很常见，但并不是因为他们懒惰，反而是因为他们很努力，他们迟到可能是前一天晚上学习到很晚，他们学习起来很认真。学校里的课程已经很辛苦了，他们还来孔子学院学习中文，说明他们真的很喜欢中国文化，学习中文的动力还是比较大的。巴西学生很自信，喜欢唱歌跳舞，累西腓的 Frevo（弗雷沃）几乎人人都会跳。巴西人喜欢聚会，喜欢参加互动性和参与性强的活动，所以孔子学院的文化活动他们都是很愿意来参加的。巴西学生特点总结如下。

①时间观念不强、爱迟到。巴西学生比较爱迟到，无论是中文课程，还是参加活动，总会存在迟到现象，因此教师和活动组织者都需准备"迟到"时间，以保证到场（课）率。

②独立思考能力强，学习专心、求知欲强。巴西学生上课专心，喜欢思考，经常会举一反三，求知欲很强，特别喜欢问为什么。

③自信、多才多艺、喜欢做游戏。巴西人热衷于唱歌、乐器演奏，喜欢参加体验感强的活动，而比赛类的活动能够调动巴西人的积极性。

④动手能力强，富有创造力。在孔子学院的手工坊体验活动中，可以发现很多心灵手巧的学生，甚至有的男生在手工课上的表现更令人惊喜。

（2）伯南布哥大学孔子学院举办中国文化活动的困难。

根据访谈内容和在孔子学院的教学经历，本书将困难归结为以下几点。

①经费不足。孔子学院经费主要来源于中方合作大学和孔子学院的学费收入，伯南布哥大学孔子学院时巴西唯一一所全球示范孔子学院，有两栋独立的大楼。由于外方合作大学办学经费紧张，基本上没有给予孔子学院经费支持，导致孔子学院不仅要维持日常工作的运转和教学楼宇的维修，加之当地劳动力成本较高，孔子学院的办学经费很少，有限的经费难以支撑越来越多的文化活动。

②缺乏葡语师资和专业师资。葡语师资不足，缺乏专业领域教师，使得孔子学院在国家中文教学和文化推广活动中长期负重前行。有深度文化活动的开展，需要专业教师的参与。由于缺少专业教师，孔子学院文化活动一定程度上停留在浅层次的文化介绍，不能很好地展示中国文化的精神内涵。

③文化差异大。中巴文化差异比较大，尤其是思维方式和风扇习惯的差异，容易导致理解偏差，为活动有序开展带来阻碍。加之所有志愿者教师不会说葡语，无法用葡语对活动内容和形式进行本土化解释，一定程度上影响了活动的整体效果。

④传播效果与活动投入不成比例。孔子学院文化活动开展频率高，前期投入的人力、物力和财力较多，但是最终取得的效果无法与前期投入相匹配。

⑤活动"走出去"步履维艰。囿于场地和经费的制约，孔子学院大部分的文化活动在孔子学院本部举办，很少去当地社区、学校、商场等公众场所开展活动。文化活动不能有效地"走出去"，无法融入当地，造成了孔子学院的影响能力不强、受众人数不多。

⑥外方合作大学支持力度不够。外方合作大学配合不足、重视不够，制约了孔子学院的长期发展。

⑦活动时间难调整。伯南布哥大学孔子学院的文化活动时间大部分安排在周五下午，周末为中文教学时间。由于孔子学院活动的受众对象，基本上为学生和上班族。因此，他们很难保证有充足的时间参加孔子学院的活动，周末又得上中文课，这为选择合理的活动举办时间增加了难度。

三、对孔子学院中国文化活动的建议

根据上文对孔子学院文化活动现状的调查分析，发现了孔子学院开展文化活动时存在一些问题和困难。下面将结合活动实践，对收集到的各方信息进行整合分析，从三个可控因素（传播者、传播内容与传播媒介）出发，对文化活动的开展提出一些可行性的建议，希望这些建议能够更好地促进活动的开展，推动中国文化在巴西东北部有效传播。

（一）对传播者的建议

1. 加强教师活动技能和组织能力培训

巴西学生热情奔放、能歌善舞，喜欢参加各种活动，比较注重活动的体验感，这对传播者的才艺专业技能提出了更高的要求。目前，孔子学院国际中文教师所掌握的才艺技能仅处于初级水平，涉及面也较为狭窄。针对此问题，可从以下几个方面加以改进。

一是健全考核机制。中外语言交流合作中心在选拔国际中文教师志愿者时，将志愿者的技能教学能力纳入考核，考核合格后才可发放培训证书。二是延长赴任教师培训周期。根据惯例，教师在赴任前一个月时间内需要提升教学技能、学习才艺及当地语言。时间短，任务重，效果可想而知。除此之外，志愿者考核合格半年后再派出，赴任等待时期为教师国内安排实践课程。三是加大赴任国语言培训力度。邀请有经验的归国中文教师根据国别开设语言学习分享课，将自己在国外使用的课堂用语及实用的当地交际用语，分享给即将赴任培训期间的教师，帮助他们早点适应赴任国的沟通方式和技巧。四是开设英语口语课程。中国学生的英语应试技能远高于口语表达，很多国际中文教师英语应试成绩名列前茅，但是英语口语表达能力欠佳。当赴任教师不会使用当地语言时，英语就是一个必不可少的交流工具。五是积极与当地文化相融合。国际中文教师在教授中文和传播文化的过程中，应加强巴西语言和文化的学习和思考，深入研究中巴两国语言和文化的共同之处，使语言教学和文化传播与巴西社会和文化有效对接，探索出更多让巴西民众喜闻乐见的文化活动。

孔子学院文化活动与规划缺乏科学合理的设计。国际中文教师每年都会举办若干次文化讲座，讲座主题是由教师自行决定，主题虽然涉及的范围广泛，但是缺乏连续性。因此，孔子学院应根据受众需求，科学合理地制定每年的文化活动计划，保证文化主题的连贯性，让文化内容既有趣味性又有理论性，既有广度又有深度。年底通过综合分析和评价活动效果、受众反馈、参加人数等信息，对未来的计划进行适当调整和完善，及时补充新的内容，减少效果一般、受欢迎程度较低的活动，保证活动的新鲜度，稳定受众人数。

2. 增加本土教师数量，加强师资队伍建设

伯南布哥大学孔子学院主要以志愿者教师为主。志愿者教师年轻有活力，国际中文知识扎实，专业素养较高，但是他们的任期短、流动性大。志愿者教师一年一换，给孔子学院的师资队伍建设带来较大的困扰。因此，扩充本土教师队伍、提高本土教师教学水平，是孔子学院当前亟待解决的问题。

（1）挖掘潜在本土教师人才。孔子学院应在留学归国学生、高级班学生、当地华侨及其子女中，挖掘本土教师后备人才，通过对外语言交流与合作中心的国际中文教师奖学金、赴华研修项目等，提升他们的中文水平和教学能力，使其成为孔子学院的后备本土师资。

（2）加强本土中文教师能力培训。利用与中外语言交流合作中心合作等方式派遣本土教师前往中国交流培训，本土教师可进入中文教师赴任前培训学校交流学习，既可以提升本土教师教学技能，又能帮助我国赴任培训提质增效。此外，还可邀请本土教师参与活动策划、编译教材等，更好地服务两国文化交流事业。

（3）增加中文教师岗中培训次数。在巴西，中外语言交流合作中心会定期组织国际中文教师岗中培训，一是邀请经验丰富的在岗志愿者和本土教师进行经验分享，二是分组讨论如何设计、组织课堂教学。岗中培训不仅能够提升教师的教学能力，而且能够进一步加强教师之间的交流。中文教师表示参加岗中培训受益匪浅，但是一年只有一次，希望增加培训的次数。

（4）建设本土教师培养培训基地。中外语言交流合作中心或中方合作院校可以设立本土教师培养培训基地，招收孔子学院历年优秀的奖学金学生，开设相应的国际中文教学技能培训课程，邀请专家进行理论指导和现场示范，加大本土教师培养力度，旨在培养一支中文教学技能过硬、熟知中国文化的本土教师队伍。

（二）对传播内容的建议

1.增强中国文化活动的广度和深度

中方院长在访谈时指出，伯南布哥大学孔子学院文化活动的广度和深度还不够，文化推广还处于摸索阶段。书法、剪纸等是文化体验活动的主体，尽管它们的内容和形式不同，但是由于孔子学院举办了太多类似的活动，从而使一些老学员失去了兴趣。孔子学院一位中文水平较高的学生反映，孔子学院的文化活动存在简单、重复的现象。因此，伯南布哥大学孔子学院应在了解学生文化需求的基础上，减少内容和形式重复的活动，增强活动内容的广度和深度。

　　从上文可知，学生对中国当代文化感兴趣。在活动广度方面，我们可以在这方面下功夫。第一，通过各类媒体展示近年来优秀的国产电影、动漫，亦可以在孔子学院平台分享反映中国文化的短视频。第二，开展与中国当代流行文化相关的活动，比如小型音乐会、电影周、动漫展、摄影展等，与巴西当地活动相结合，活动期间师生可以穿上自己喜欢的中国服饰，展现当代中国的发展面貌。第三，创新目前已经有的活动形式，通过开展美食合作、美食讲座等方式来与相应的餐馆合作，结合巴西人具体的饮食习惯来对中餐进行改良，并在体验过程中介绍中国美食故事和中式餐桌礼仪。第四，开设经贸方面的讲座。调查中发现有相当一部分学生对中巴经贸问题表现出很大的兴趣，伯南布哥大学孔子学院的中方承办学校是中央财经大学，孔子学院应该发挥自身优势，定期邀请中央财经大学的知名教授组团来孔子学院开展中国经贸方面的讲座，增强外方合作大学、孔子学院师生与中方合作大学的交流与联系。

　　如何做到文化活动有深度呢？这是一个值得探究的问题。首先，可以借鉴其他孔子学院优秀做法，比如，在学术研讨会期间，除了邀请中方合作院校的教授外，可以邀请国内有名的书法、国画、舞蹈和民乐等方面的教授来孔子学院开办讲座，不仅可以丰富讲座的知识内涵，还能提高孔子学院的讲座质量，从而吸引更多高水平的学生来参加讲座，大幅增加受众人数。其次，在开展文化活动时，孔子学院应尽可能丰富文化活动的内容，深入挖掘文化活动的素材，如书法讲座可通过介绍象形文字的演变历史，增加讲座的趣味性，吸引更多学生参与，进一步增强巴西学生对中国文化的喜爱程度。

此外，伯南布哥大学孔子学院还应注意文化元素的均衡分布，增加现当代文化元素的比例，加强中巴文化互动与融合。一是增加现当代文化内容。通过分析发现，孔子学院开展的活动文化元素分布不均衡，活动中传统文化元素比例远多于现当代文化元素。伯南布哥大学孔子学院的受众多以年轻人为主，现当代的潮流文化更能吸引他们的目光，迎合年轻受众群体的需要，因此应加大孔子学院活动现当代文化比例，与时俱进，勇于创新，加深受众对中国的全面了解。二是加强中巴文化互动与融合。在"推广中华文化过程中是否应与当地文化融合"的调查中，72%的教师认为应当与本土文化融合，与本土文化有效融合有助于学生更好地接受。调查表明，孔子学院活动要想"走出去"，扩大受众范围，就必须注重在文化传播过程中有机地融合当地文化，避免水土不服的现象。

具体应该如何融入当地文化呢？首先，以语言为出发点，不仅要让参加活动的孔子学院学生学到中文知识，还要照顾到非孔子学院学生的体验，每个环节都要有葡语的讲解或解释，选择学生容易接受的、感兴趣的中文知识，激发和调动受众的兴趣以及参与积极性。其次，对于活动内容的选择，应提前对当地中小学、社区群众的兴趣需求进行调研，在策划活动前，努力挖掘两国文化的共通之处，实现文化共鸣和融合。"拂晓雄鸡"俱乐部是当地最为出名的狂欢节组织，"拂晓雄鸡"的巡游是累西腓最受欢迎的狂欢活动，狂欢节时，一只巨型雄鸡矗立在累西腓 Duarte Coelio 大桥中央，巴西民众围绕着雄鸡唱歌跳舞。我们可以将"拂晓雄鸡"作为剪纸课堂的模板，激发学生的兴趣；与慈善机构合作开展爱心活动，售卖带有中国结元素的义卖品，吸引更多巴西民众的目光，从而提升活动的影响力；以巴西狂欢节、玉米节等传统节日为载体，与当地的狂欢节组织合作，加入他们的节日游行活动中，在路演过程中，表演舞龙舞狮、民族服装秀、中国动漫Cosplay（扮装游戏）、中国民乐表演等。除此之外，累西腓的零点广场和Olinda（奥林达）地区每个周末都有类似狂欢节的巡演，孔子学院也可以积极寻求与这些民间组织合作，将中国的舞蹈、歌曲、民乐、国画、功夫等融入他们的表演中，甚至还可以设立美食品尝站台，推广中国美食文化，吸引更多的当地民众了解中国。

2. 创新活动形式，增强趣味性和互动性

目前孔子学院举办的文化活动形式主要有体验类活动（手工坊、孔子学院日、书法班）、演出（节日晚会、民乐分享会）、讲座、竞赛（汉语桥、中文歌）、展览（文化周展览）等。形式虽然较为丰富，但是内容存在重复的现象。活动内容更新速度跟不上活动开展的频率，容易降低参与者的新鲜感。针对这个问题，孔子学院应在保证日常文化活动的同时，降低重复频率，创新活动形式，增加游戏、汉字比赛、中文知识竞赛、Cosplay展、展览类活动，活动组织者应充分利用本土资源，与总领馆、当地学校、社区、社会机构等部门合作承办大型活动，使得文化活动的形式更加饱满。

（三）对传播媒介的建议

1. 优化现有宣传方式，加大宣传力度

伯南布哥大学孔子学院活动宣传目前面临以下几个方面的困难，活动策划前期，宣传仅依靠教师在WahtsApp班级群发送活动海报和孔子学院Meta公共主页的通知，两种方式的受众范围局限于学生。一般情况而言，非孔子学院的学生不会关注孔子学院的Meta。虽然孔子学院制定了严格的Meta发布计划，但巴西当地Instagram的使用频率远高于Meta。针对这类问题，孔子学院可以优化媒介方式，加强宣传力度。

对于汉语桥比赛、中文歌比赛、孔子学院日、春节联欢会等大型文化活动，孔子学院可采取在市区进行广告投放的方式，列明活动的时间、地点、主题、联系方式等。孔子学院每年都会将活动内容和照片等资料制作成短视频或动态PPT，但这些视频除了在孔子学院活动上从未在其他平台播放过，可以将这些视频上传到Meta、Instagram、YouTube等社交平台，与线上观众互动，总结分析互动建议，为以后的活动策划提供参考。活动进行时，可以在社交平台上实时直播活动照片，让没有到场的民众也能够参与到过程当中。直播时设置抽奖环节，吸引线上人员积极参与，增强活动效果和孔子学院文化活动影响力。在举办春晚、汉语桥比赛等具有代表性的活动时，可邀请纸媒、自媒体平台等进行现场报道，并做好活动后续宣传工作。

此外，伯南布哥大学孔子学院每月都会制作月报，但月报仅发送至国内合作大学和国际中文教育基金会。孔子学院制作的电子版活动月报，既可以供孔子学院学生阅览，也可用作招生宣传。该项工作对于制作老师的葡语要求比较高，操作起来较困难，可通过以下几点实现：第一，在制定孔子学院招聘计划时，要有针对性地设立中文教师需具有一定葡语基础的条件。第二，活动报道不需要特别复杂，只需简单介绍活动主题，多放图片，可请孔子学院汉语中文水平高的学生进行翻译。第三，由本土教师协助完成。向优秀学生抛出橄榄枝，鼓励学生在中国深造后到孔子学院担任本土教师，助力孔子学院可持续发展。

2.挖掘潜在媒介，促进中国文化传播

伯南布哥大学孔子学院暂未与当地媒体合作，可邀请纸媒、电视、电台等工作人员参加孔子学院春晚、中秋、国庆等重大庆祝活动，同时也可借助累西腓总领馆的力量，邀请市长以及各界政要参加孔子学院活动，引起主流媒体宣传报道的兴趣。策划大型活动时，为到场观众准备文化小礼品，葡语版的中国杂志、文创小礼品以及糖果装在印有孔子学院 Logo 的环保布袋里，这种方式无形之中挖掘了大量潜在的传播媒介，将会使孔子学院的影响力不断提高。

3.收集受众的信息反馈，构建传播效果评估体系

伯南布哥大学孔子学院虽然每年活动频率高，但缺少受众的反馈信息来评估活动效果。没有有效的评估机制，孔子学院开展的文化活动具体效果如何？是否达到预期目的？未来如何改进？并没有得到较为明确的反馈，孔子学院对于活动效果的评估主要来源于主观性的描述，根据到场人数进行分析，这样的统计过于片面，缺少详细的数据分析，不够科学严谨。伯南布哥大学孔子学院建立长效的活动效果评估机制。

一是活动开始前，向前来参加活动的受众发送调查问卷，活动结束后及时收回并进行整理，反馈结果可作为孔子学院文化活动档案及后期相关报道素材。二是活动结束时，对到场观众进行采访，记录受众的真实感受，收集受众对活动的评价与改进建议，掌握一手受众反馈信息。三是孔子学院设立意见箱，无论中文教学还是文化活动，学生和活动参与者都可以投递意见。虽然巴西人热情，但在生活中仍然比较害羞，对于面谈或者在公众场合发表言论，他们往往选择不发声。四是对孔子学院师生定期进行调查。每学期末在孔子学院工作群和班级群发送活动效果及评价调查问卷，并将调查问卷进行统计分析，及时掌握教师和学生的反馈意见，有利于改进相关的活动。

（四）总领馆的角度

伯南布哥大学孔子学院在开展中文教学和文化推广过程中，积极与中国驻累西腓总领馆进行合作，邀请总领事及其下属参与汉语桥比赛、中文歌曲比赛、学术研讨会、春节联欢会等重大活动，或者与总领馆联合举办节日庆祝、学术研讨、中国文化节等活动。在总领馆的参与和支持下，上述活动的开展取得了很好的效果。因此，总领馆在孔子学院开展中文教学和文化推广时，应为为孔子学院活动的顺利举办提供保障和支持。

第一，实践证明，政府机构的支持和帮助对孔子学院发展具有重要作用。巴西东北部的中文推广活动，缺乏州政府的有力支持。巴西民众学习中文的动力不足，长久坚持学习的人寥寥可数。总领馆可以利用自身的条件，充分发挥外交优势，加强与州政府和市政府、各级各类学校、社会机构和民间组织的合作，将中文课程纳入巴西基础教学或高等教育体系中，夯实中文教学的受众基础，为孔子学院的可持续发展发挥不可替代的作用。

第二，在巴西传播中国文化最大的问题是教材内容没有与巴西文化深度融合，缺乏针对性，教材在难度上处于两个极端。中文和葡萄牙语两种语言存在巨大差异，汉字书写认读的难易度并没有在现行教材中循序渐进地落实，大部分巴西学生在学完初级课后便放弃了中文学习。总领馆可利用外交优势，召集巴西本土跨文化交际专家，联合孔子学院编写适合巴西人特点的、结合两国文化的中文初级教材，合适的教材能够帮助巴西民众更好地了解中国文化，促使文化活动达到事半功倍的效果，保证中国文化传播的可持续发展。

第三，团结凝聚海外中文媒体力量。海外中文媒体一直是国际舆论界不可忽视的群体。总领馆应充分发挥文化使者作用，促进孔子学院与巴西中文媒体加强交流合作，积极报道孔子学院文化活动，客观公正报道中国，推介当代中国优秀文化，展示中国友好形象，激发更多的巴西民众学习中文、了解中国文化的热情，向巴西全方位展示独具魅力的中国。

第四，积极与当地文化机构合作，为孔子学院在当地文化机构开设中文课程或举办文化活动牵线搭桥。例如，总领馆可以帮助孔子学院在州或市的图书馆开设中文学习俱乐部、创办中国电影展等活动，与当地的传统节日相结合，活动期间免费播放优秀的中国影片；可以邀请国内专业舞蹈、武术、民乐、杂技等文化代表团，来巴西东北部与孔子学院合作举办大型文艺表演；可以向当地政府争取举办重要活动的场所、人员安保等方面的支持，邀请当地官员出席、媒体跟踪报道，为文化活动的推广提升知名度和影响力。

第五，利用领事馆开放日，搭建孔子学院宣传平台。中国驻累西腓总领事馆于每年7月举办开放日活动，邀请当地民众前来参观。总领馆可以与孔子学院合作，联合在总领馆举办文化活动，免费向公众开放。比如，可以邀请孔子学院在总领馆举办文艺会演活动，或者举办影片展、书画展、服饰展、科技展等文化展览活动；还可以举办美食体验活动，现场包饺子、做春卷等，让巴西民众参与中国美食的整个制作过程等。

第八章

中国文化如何在巴西东北部生根发芽

——以伯南布哥大学孔子学院为例

跨文化传播是指各种文化信息在时间和空间中流动、共享和互动的过程，涉及社会诸多文化要素的扩散、渗透和迁移。[①] 地理环境、经济和文化差异会对跨文化传播产生天然的影响。

积极构建多主体、立体化大外宣格局，推动文化交流互鉴，促进民心相通相融，积极向世界讲好中国故事、传播好中国声音，对于塑造更鲜明的可信可爱可敬的中国形象，进一步提升我国国际话语权和影响力具有重要意义。从外部需求来讲，近年来，随着中国经济地位的迅速崛起，全世界范围内掀起了"中文热"的浪潮，创造性地开展中文推广和中国文化传播工作，也成为世界各国人民的切实需求。

作为"一带一路"的"21世纪海上丝绸之路"的重要延伸，巴西乃至拉美是中国各领域的重要合作伙伴。伯南布哥大学孔子学院是巴西的第七所孔子学院，发挥中方合作院校中央财经大学的财经类学术科研优势，在中国、巴西两国的教育、文化、学术、经贸领域发挥着桥梁纽带作用。作为

---

① 孙英春，《跨文化传播学导论》，北京：北京大学出版社，2008年，第1页。

第八章　中国文化如何在巴西东北部生根发芽

巴西东北部第一所孔子学院，也是巴西唯一一所全球示范孔子学院，拥有着优良的软硬件设施，尽管在文化传播实践上积累了一定的成功做法和经验，却仍然存在当地影响力不够强、社会辐射面不够广、跨文化传播不够深入的问题。

如何顺应时代潮流、结合当地实际，因地制宜地进行中国文化推广工作，增进巴西人民对中国的了解，是巴西孔子学院国际中文教师必须思考的问题。

一、巴西东北部风土人情

（一）地理概况

巴西东北部是巴西的五大地理分区之一，包括马拉尼昂州（Maranhão）、皮奥伊州（Piauí）、塞阿拉州（Ceará）、北大河州（Rio Grande do Norte）、帕拉伊巴州（Paraíba）、阿拉戈斯州（Alagoas）、伯南布哥州（Pernambuco）、塞尔希培州（Sergipe）、巴伊亚州（Estado de Bahia）。

巴西的东北部纬度较低，从沿海到内陆共分为四个自然地理区域，分别是沿海区（Zona da Mata）、高原过渡区（Agreste）、内陆半干旱区（Sertão）和中北部地区（Meio-Norte）。其中沿海区经济最为发达，伯南布哥州、帕拉伊巴州和北大河州的省会均位于此。内陆半干旱区面积最大，其饮食文化独具特色，为当地人民津津乐道，伯南布哥州重镇卡鲁阿鲁（aruaru）和佩特罗利纳（Petrolina）就位于此区域。高原过渡区面积最小，坐落于博博雷玛高原，是沿海地带和内陆地带的天然分界线。中北部地区则是巴西东北部和北部热带雨林气候区的过渡地带，气候宜人，海岸线发达，旅游业兴盛。

巴西东北部地区曾在17世纪左右遭遇法国、西班牙、荷兰等国的殖民入侵，当地人民性格继承了南欧文化中的热情奔放、不拘小节等特点，风俗习惯也贴近于葡萄牙等南欧国家。当地文化成果灿烂，历史遗迹众多，如伯南布哥州的奥林达市，位于累西腓市北部，是荷兰入侵时期最富有的城镇，目前收录于世界文化遗产名录，以彩色房子和狂欢节著称。

伯南布哥州是巴西面积最小的5个州之一，但其地域狭长，横跨巴西东北部沿海区、高原区和内陆半干旱区等三大区域，自然景观丰富多样，涵盖山脉、高原、滩涂、湿地等。巴西第二大河流圣弗朗西斯科河就流经伯州佩特罗利纳（Petrolina）腹地，带来了丰富的水能资源。

伯南布哥州的首府累西腓市面积约218平方千米，人口约166万，是巴西第四大都市圈的核心城市，仅次于圣保罗、里约热内卢和巴西利亚。累西腓是巴西东北部最富有的城市，排名全国第七，人口为全国第九；在伯南布哥州乃至整个东北部，其政治、经济、文化乃至军事上的影响力都处于核心地位。中国驻累西腓总领馆是中国在巴西设立的第三个总领事馆，领区范围包括巴西东北部8个州，这里不但中国侨民众多，而且有着突出的地缘优势及辐射能力。

（二）经济发展

超过1/4的巴西人口居住在东北部地区。该地区的经济以农业、森林、矿产开采、工商业和旅游业为主。巴西的5个地理大区中，东北部地区的经济总规模位居全国第三，分别仅次于东南部和南部地区。东北部气候较为干旱，虽然受葡萄牙、荷兰等国早先殖民影响，开发较早，但经济发展相对滞后，只有北大河州、伯南布哥州、塞尔希培州和帕拉伊巴州人均GDP不低于4000

雷亚尔的自治市，而全国人均GDP最低的56个城市（占全国5570个城市总和的1%）均分布在东北部各州。

东北地区经济自21世纪初以来增长强劲，近年来呈现出了历史最高增速，尽管2008—2009年经济危机使得巴西GDP下降了2%，该地区却能够逆势增长。巴西东北地区新能源产业具有广阔的发展前景，新能源储量丰富、结构合理，水电、太阳能制造业、太阳能发电、风电等产业齐头并进。

目前，巴西东北地区工业化进程发展迅猛。伯南布哥州伊波茹卡市的苏阿佩港工业园区，位于累西腓市以南40千米，是该国主要的投资中心之一。这里入驻了超过120家大型企业，包括物流、造船、石油、化工、建材等领域。位于该州北部森林的伯南布哥汽车制造中心，承接了菲亚特的组装订单。累西腓周边都市圈内，机械、造纸、食品、水泥、纺织、电工材料等工业均有良好发展，企业众多。伯南布哥州内陆城市Mata Norte建立了菲亚特汽车工业园。位于巴伊亚州卡玛萨里市石化园区拥有90多家石油和化工公司。塞阿拉州福塔莱萨是纺织、食品、鞋类和服装行业的工业中心。

东北地区的植物提炼和矿物冶炼在全国占据重要地位。北大河州生产的海盐占全国消费量的95%。伯南布哥州石膏产量约占全国95%。东北部还拥有丰富的花岗岩、宝石和半宝石矿床。塞阿拉州圣基特里亚的伊塔泰亚（Itataia）铀储量位居世界前列。

旅游业是巴西东北地区经济的重要组成部分。该地区集中了巴西大量自然风光和文人历史文化名城。东北部拥有广阔的海岸线，适合民众休假娱乐，费尔南多·迪·诺罗尼亚群岛是巴西享有国际盛誉的生态天堂，其他著名景点包括伦索伊斯国家公园（又称千湖沙漠）、圣弗朗西斯科峡谷、鸡港等。东北地区被列入联合国世界文化遗产的历史名城有奥林达（伯南布哥州）、圣路易斯（马拉尼昂州）和萨尔瓦多历史中心（巴伊亚州）等。若昂佩索阿市（帕拉伊巴州）保留了大量16世纪的巴洛克式建筑。累西腓历史中心集中了大量葡萄牙、荷兰时期的历史建筑。新法增达市的新耶路撒冷剧院是世界上最大的露天剧院，客流量超过300万人。

（三）中巴关系

中国在2009年超越美国成为巴西最大的贸易伙伴，中巴关系迅猛发展，经济联系日益密切。2009—2012年，中国以并购的形式对巴西直接投资高达215亿美元，成为巴西外资并购第一大国。而在巴西东北地区，各州大力吸引中资企业，在储能、综合智慧能源、电网调控等技术领域开展广泛合作。

中国在巴西的三个总领事馆之一就坐落于巴西东北部的累西腓市。东北地区的所有州，除巴伊亚州外，都在其管辖范围内。中国累西腓总领事馆自2016年开馆以来，一直致力于增加该地区与中国之间的贸易往来，推进科技合作，其各项举措在多样性和质量上脱颖而出，受到当地各界的一致好评。近年来，巴西东北部各州都已与中国建立了重要的经济、贸易和投资等合作关系。

由驻累西腓领事馆牵头，巴西商务部在2019年与该地区的企业家和州政府代表推动了两个重大贸易项目。东北各州高层已赴中国参加了一系列关于经济和可持续发展的会议和访问。2019年，东北地区有4位州长和2位副州长携团前往中国访问，包括：北大河州州长法蒂玛·贝泽拉（Fátima Bezerra）、皮奥伊州州长威灵顿·迪亚斯（Wellington Dias）和伯南布哥副州长卢西亚娜·桑托斯（Luciana Santos）。

在新冠疫情期间，东北财团与中国驻巴西大使馆建立直接联系，合作抗击疫情。2020年3月20日，当疫情在巴西蔓延时，东北各州州长向中国政府发函，建议帮助该地区各州抗疫。

东北产品贸易机会的扩大也为巴西半干旱地区的发展提供了历史性机遇。例如2019年，北大河州开始向中国出口甜瓜。巴西葡萄的主要出口产地是伯南布哥州和巴伊亚州交界处的圣弗朗西斯科河谷，该地区的对中国出口贸易正在谈判中。

虽然圣保罗占中国在巴西累计投资额的35%，但东北部各州加起来占总额也达到17%，领先于巴西最发达地区——南部和东南部各州。对帕拉伊巴的卢塞纳和马拉尼昂的圣路易斯等港口的重要投资，以及北大河州、巴伊亚州和皮奥伊州的风能太阳能发电综合体，拓宽了东北部的发展边界。东北地区拥有巴西最好太阳能和风能发电条件，目前已有142家中国可再生能源企业。

近年来，国家电投、阿特斯太阳能、三峡集团、中广核、国家电网和亚特兰蒂克可再生能源等公司遍布东北各州，积极参与巴西国家电力局（ANEEL）的能源发电项目投标。例如，国家电投目前规划在该地区投资40亿雷亚尔，其中20亿雷亚尔投资于北大河州。

（四）语言

巴西全境采用的官方语言为葡萄牙语，和其他西方语言的使用者一样，巴西人的思维模式偏向抽象思维，即运用概念进行判断推理、分析综合的思维活动，而中国人偏好形象思维，即对事物表象进行推理归纳、加工改造形成新表象的思维活动[1]，因此在文化推广传播的过程中应当注重两者的融合，既要对传播内容赋予适当的形象说明，也要注重系统地、理论地阐述。

---

[1] 孙英春，《跨文化传播学导论》，北京：北京大学出版社，2008年，第42页。

巴西民众英语水平相对较低。根据全球规模较大的在线英语学校 EF English Live 发布的英语水平指数（EPI）排名中，东北部是巴西英语水平指数排名最差的地区。巴西南部和东南部地区英语水平领先全国，米纳斯吉拉斯州（534）位于榜首，其次是巴拉那州（532）、圣卡塔琳娜州（527）、南大河州（526）、联邦区（521）、里约热内卢（509）和圣保罗（506）。相比之下，除了累西腓（PE）在评估中获得 518 分并被归类为具有中等英语水平外，东北其他地区，如塞阿拉（490）、帕拉伊巴（483）、北大河（475）、塞尔希佩（475）、阿拉戈斯（467）、皮奥伊（464）、巴伊亚（462）和马拉尼昂（461）均未获得足够分数。尽管当地民众认识到英语对个人和职业生活的重要性，但掌握好英语等外语仍有很长的一段路要走。这意味着传播中国文化时，用英语为主要的第三方传播语种，想要覆盖到巴西社会的方方面面是相当困难的。巴西东北部广大民众学习外语的经验以及对学习外语的重视度、自觉度还有待提升。

（五）文化

巴西东北部地区文化独具特色，是巴西最具传统文化魅力的地区之一。

1. 文学方面

东北部的文学为巴西文坛做出了巨大贡献，著名作家有若热·阿马多、纳尔逊·罗德里格斯、何塞·德·阿伦卡尔、若昂·卡布拉尔·德梅洛·内托、雷切尔·德·奎罗斯、格雷戈里奥·德·马托斯、克拉丽斯·李斯佩克托、格拉西利亚诺·拉莫斯、贡萨尔维斯·迪亚斯等。

2. 美食方面

巴西东北部美食种类丰富，主要亮点是棕榈油和虾制成的食物、风干肉、糊状食物、黑豆饭、椰子饭、奶酪制品和多种糖制品等。巴西东北部的热带、亚热带水果非常丰富，鲜榨果汁价格低廉。

3. 音乐舞蹈方面

佛罗（Forró）、科科（Coco）、夏夏多（Xaxado）、桑巴德罗达（Samba de Roda）、摆咏（Baião）、肖特（Xote）、阿夏（Axé）和欢乐缤纷伞舞（Frevo）等节奏在当地流行乐中最具影响力，并享有国际声誉。上述民间流行音乐往往伴随着舞蹈。此外，东北狂欢鼓（Maracatu）在巴西东北各个城市均有众多爱好者，各民间艺术团每周会在市区彩排表演。

4. 节日方面

狂欢节是巴西东北地区最盛大的节日，萨尔瓦多在六天的狂欢节游行能够吸引270万狂欢者（相当于本市居民的数量），是吉尼斯纪录中世界上最受欢迎的节庆活动。累西腓周边的奥林达市在狂欢节期间会有巨型玩偶游行，每天能吸引超过20万名游客。圣若昂节又称玉米节，是巴西东北部独有的法定节日，当每年六月底圣若昂临近时，伯南布哥州的卡鲁阿鲁和帕拉伊巴州的大坎皮纳都在争夺"佛罗之都"（Capital do Forró）的称号。

5. 艺术方面

手工艺品是巴西东北地区文化生产的重要组成部分，巴西东北地区有数千传统手工艺者。当地传统手工艺极具地域特色，其中，编织刺绣图案精美、细节突出，由黏土、木材（如巴西棕榈树，一种典型的 Sertão 树木）和皮革制成的摆件和挂件，具有强烈的地方性特色，展现了印第安文化的独特魅力。此外还有手工彩沙瓶，棕榈纤维工艺品以及沿海地区的鱼鳞贝壳手工艺品等。

6. 习俗方面

巴西人性格直爽热情，喜爱社交，到巴西人家里做客时，他们会慷慨地拿出美食分享。在社交场合，巴西人多以"早上好""下午好"为开场语，或以热情的拥抱和贴面礼为问候方式。在工作时，巴西人对待时间的态度相对于中国人更加随意，迟到半小时左右属于家常便饭，学校的学生也经常会迟到、请假。但是，巴西人在正式场合会穿着考究，认真对待工作，如果有比赛或者表演，他们也会非常认真地准备，并在细节上追求完美。在中文教学中，应当注意巴西学生日常散漫的性格，必须布置作业并监督学生完成，课堂上更注重使用任务型教学和激励性教学手段，增加学生的成就感。

（六）中文推广

与巴西东北部迅速发展的态势和日益密切的中巴合作不相称的是，以孔子学院为代表的国际中文教学机构在东北部地区发展相对滞后，数量较少。目前东北部地区仅开设了两所孔子学院。

伯南布哥大学孔子学院，成立于 2013 年 11 月，是中国在巴西境内成立的第 7 所孔子学院，由伯南布哥大学和中央财经大学合作建立。

塞阿拉联邦大学孔子学院成立于 2019 年，是中国在巴西建立的第 10 所孔子学院，于 2017 年 11 月投入运营，2019 年 4 月揭牌正式启用专用场地，是由中国南开大学和巴西塞阿拉联邦大学合作建立的孔子学院。

中国与巴西东北部在经贸、文化领域合作的飞速发展，为孔子学院在当地开展中文教学和推广中国文化带来了新的机遇。如何利用有限的资源，突破地域限制、拓展教育网络、优化工作成果，从而提升中文在当地的影响力，是当前孔子学院的重要课题。

二、伯南布哥大学孔子学院办学和文化传播概况

（一）教学设施

伯南布哥大学孔子学院成立于 2013 年 11 月 26 日，是在中国国家汉办和孔子学院总部的指导下，由中国中央财经大学和巴西伯南布哥大学合作建成，坐落于巴西东北部主要城市累西腓，拥有两栋专用教学楼，7 个中文教室，1 个活动礼堂，1 个文化体验厅，1 座图书馆，1 个文化长廊。伯南布哥大学孔子学院于 2015 年成为首批全球 48 所示范孔子学院，迄今为止也是巴西境内唯一一所全球示范孔子学院。2017 年，伯南布哥大学孔子学院的示范孔子学院专用场地启用仪式举办，自此，该孔子学院能够通过优质的软硬件设施，因地制宜，在中国文化传播推广方面起到示范引领的作用。

（二）线下中文教学网络

伯南布哥大学下设有两所孔子课堂，分别为圣玛利亚中学孔子课堂和伯南布哥天主教大学孔子课堂，是巴西东北部首次开设的两所孔子课堂。此外，孔子学院还与当地多所公立私立大学开展合作，开设教学点。截至 2019 年，伯南布哥大学共在累西腓市内开设 4 个教学点（伯南布哥联邦大学教学点、达马斯大学教学点、Estácio 学校教学点、累西腓市政府就业创业中心教学点，在累西腓市外开设 1 个教学点（伯南布哥联邦农业大学 Cabo de Santo Agostinho 分校教学点）。这 5 个教学点中 3 个设于公立大学或机构中，两个设立于私立大学或机构中。该孔子学院除了提供常规中文课程外，还将中文课融入当地高等教育课程体系，在伯南布哥理工学院（Poli-UPE）和伯南布哥管理工程学院（FCAP-UPE）开设了两门学分课。这样一来，伯南布哥大

学孔子学院形成了以本部为中心,两个课堂,五个教学点,两个大学学分课同步运营的线下教学体系。

(三)线上中文教学的开展

2020年3月受新冠疫情影响,伯南布哥大学孔子学院开始面向学生开设网络课程。2020年下半年起,伯南布哥大学孔子学院的网络课程人数开始增加,由最初的1个新生班增加到每学期3到5个新生班,招生人数稳定在每学期110至160人之间。孔子学院每学期举办40场线上文化活动,包括线上汉语桥、语言文化夏令营、中文歌唱比赛、书法比赛、视频征集大赛、文化讲座、中文电影之夜等。

(四)文化传播受众

伯南布哥大学孔子学院学生为高校本硕博在读学生为主体,兼顾当地社会人员和中小学生、当地华人。以2019年为例,在303名注册学员中,伯南布哥大学孔子学院的学生68.4%为伯南布哥大学和伯南布哥联邦大学学生。当地其他高校学生有25人,其中5人为伯南布哥联邦农业大学等当地其他公立学校学生,20人为私立高校学生。也就是说,私立高校学生仅占学生总体的6.6%。在64名其他社会人员中,华人有22人,巴西本土社会人士42人,如表8-1所示。

表8-1 2019年第一学期孔子学院303名学员的来源构成

院校	学生数	百分比
伯南布哥大学	164	54.2%
伯南布哥联邦大学	43	14.2%

续表

院校	学生数	百分比
其他当地高校	25	8.2%
当地中学	7	2.2%
其他社会人员	64	21.2%

(五) 考试认证

汉语水平考试（HSK）作为最权威的国际中文能力标准化考试，在对外汉语教学中一直发挥着独特的作用，是国际学生来中国留学的敲门砖，也是自我水平检验和考量的重要参考。伯南布哥大学孔子学院是巴西东北部首个汉语水平考试（HSK）和汉语水平口语考试（HSKK）考点。自2014年起，一直面向巴西全境提供汉语水平考试服务，辐射面覆盖巴西东北地区的社会各界，累计报考人数达715人。

2020年5月，伯南布哥大学孔子学院首次开放汉语水平居家网络考试，成为巴西首个线上汉语水平考试考点。2020年5月至2021年12月共有106人次通过线上形式报考，占历史总人次14.8%。

(六) 文化活动

在教授中文语言知识的同时，伯南布哥大学孔子学院还非常重视各类文化活动的开展。例如举办中国传统节日庆祝活动、中国文化周、中国文化沙龙系列讲座、中文电影之夜、中文歌大赛、"汉语桥"比赛、全球孔子学院日庆典等。同时，功夫坊、手工坊、民乐团、合唱团、舞蹈团等社团会在每周五下午进行教学或排练，学员全部为本地学生和当地民众。

在远程中文教学模块中，孔子学院举办了线上"汉语桥"比赛、线上语言文化夏令营活动、大型线上民乐艺术表演，并且每周五举办线上文化沙龙、中文电影之夜，持续为孔子学院学生提供优质的线上中国文化体验。

（七）社会服务

2017年7月，孔子学院响应当地华人社区号召，前往伯南布哥州卡腾迪（Cadente）救灾，为当地受洪灾群众发放赈灾物资。

2018年9月，在奥林达市 Beberibe 剧场，在湖北大学艺术团的支持下，孔子学院承办了《龙腾狮跃南美行》舞台艺术表演，免费向当地社区开放，吸引了300多名当地华人和巴西群众。

2018年10月，孔子学院师生前往累西腓北部山区的 Compaz 社区服务中心义演，为当地学龄儿童展示中国功夫、传统舞蹈。

2019年3月起，孔子学院与累西腓市政府合建教学点，于市中心青年就业创业服务中心实行免费中文教育，为当地经济困难的青年提供接触中文学习的机会。

三、伯南布哥大学孔子学院文化传播与推广的成就与不足

（一）孔子学院文化传播与推广的成就

1. 在巴西东北部地区树立中文教学的典范

为在当地培养中文人才，孔子学院建立了立体化的课程体系，从2014—2018年探索初期只提供中文课程，到2021年形成以中文综合课为核心，以商

务汉语课和高级写作课为重点，以传统文化才艺课为补充的教学格局。该孔子学院不断丰富了孔子学院课程的内涵。其中，中文综合课包括初级班、中级班、高级班，还根据当地华人学龄儿童需求开设了华人班。截至 2022 年年初，孔子学院中文课累计注册学生人数达 2990 人。借助孔子学院奖学金项目赴中国留学或通过线上课程修读的学生共计 34 人次。

2. 向当地提供优秀的中国文化体验

孔子学院建立了丰富多彩的文化活动体系，主要分为五大类：孔子学院总部主推的文艺巡演活动，传统节日庆祝活动，大型和小型系列文化讲座，各类文化兴趣社团，以及融入当地社会的参与性活动（如当地的国际文化节、前往社区慰问学龄贫困儿童等）。

以 2019 年为例，孔子学院全年举行了 138 场文化活动，以小型文化活动平均每场 20 人、大型活动平均每场 150 人计算，则活动参与人数达 3500 人次以上。文化活动是国外民众了解中国的窗口。孔子学院常态化、高质量的文化活动，搭建了文化友好交流的平台，实现了对中国形象的柔性塑造，为增强国家"软实力"做出贡献。

3. 建设中文图书馆并提供中文资料查阅服务

伯南布哥大学孔子学院设立中文图书馆，藏书量常年维持在 5000 册以上，内含中文教材、中国文化类读物、世界人文历史读物、人文社科类著作、期刊、儿童读物等。其中，中文教材涵盖初级、中级、高级，种类包括综合教辅、HSK 考试辅导、国内基础教育教材等，为当地中文学习者的教材选用树立了科学、权威的规范。孔子学院每周设有图书馆开放日，学生可以在图书馆自习、研讨中文、查阅书籍、购买杂志等。图书馆开放日的设立，提高了学生学习中文的积极性，增加了学习知识的渠道，提升了学员的中文素养，为当地提供了珍贵的教材和中文学习范本，促进了中文和中国文化在当地的传播。

4. 组织开展中巴相关问题研究等学术活动

2019年11月，孔子学院成立了中巴经济与社会发展研究中心，并举办了4届中巴经济与社会发展学术研讨会，中巴参与人数达1500人。每届研讨会中，孔子学院还举办学术论文征集活动，获奖论文共计超过20篇，登载于巴西著名学术期刊 *Boletim do Tempo Presente* 中。学术平台的搭建与学术交流的开展，使得孔子学院更好地发挥了中巴两国间的桥梁纽带作用，促进了中巴之间的人员互访、共同研究、相互理解。

（二）文化传播过程中遇到的问题与不足

1. 传播内容不够吸引人

以"中文电影之夜"为例，虽然特色鲜明、模式成熟，但长期的重复推广已经使其陷入程式化的陷阱：孔子学院教学设备投放在幕布的影像画质不佳，观影体验一般，而将此活动引入网络课程模块之后更是声画不同步、画质被严重压缩、卡顿频频，参与者往往是一些老面孔，已经无法吸纳新观众。此外，语言是文化的载体。孔子学院播放的电影都是中文，电影中的语言往往有着高度本土化、语境化、生活化、专业化的特征，哪怕学生学到中高级的水平也无法完全理解，最多能听懂只言片语。为解决以上问题，孔子学院会通常寻找带有英文字幕的片源，并在电影欣赏前进行介绍和讲解，观影结束后又设点评和交流环节。然而，即便全英文也难以被大多数学生接受，讲评环节也会让"电影之夜"变成时长超过三个小时的活动，易引起参与者的疲惫，从而削弱传播的效果。近年来，中国电影国际声誉日益提高，很多著名的电影学生会选择在家用自己的电脑看，既清晰又流畅，成为"中文电影之夜"的完美替品，这更加削弱了其参与孔子学院"中文电影之夜"的意愿。

孔子学院的线下文化沙龙内容丰富、传统与当代相结合，每次举办前都会经过孔子学院教师的反复论证、修改、演练，是孔子学院具有高品质、深内涵的品牌活动。但是在举办活动的实践过程中，学生总是对某些特定话题感兴趣，讲座人数往往能超过30人，包括国画、书法、美食、手工艺、武术、中医、传统节日等。而另一些话题，学生则兴趣不够，参与人数往往不到10人，包括传统服饰、电商、高铁、共享经济、国际关系等。后者有的往往深奥抽象，重学术、轻互动，有的本来就与学生的兴趣点不够契合。文化活动计划的制定往往集中在开学阶段，反馈与研讨机制没有建立，举办过程中遇到的问题随着学期的推移则容易被淡化，流于形式。

2. 传播方式不够与时俱进

随着孔子学院在当地影响力的扩大，孔子学院针对文化传播的相关管理制度不够健全，管理理念不够先进，软硬件均落后于国内同期水平。现代化的入学报名系统、教务系统、文化活动注册系统、缴费系统、网络对外宣传窗口、民意反馈系统一直处于缺位的状态，取而代之的是实地宣传、邮箱和表格报名、"群聊式"教务管理、活动签到表、低效的账单管理、面对面民意反馈。唯一能够与时俱进的是Meta、Instagram等社交网络平台宣传，虽然其作用显著、高效便捷，但毕竟孤掌难鸣。

3. 传播力度不足

（1）外方配合力度低。

外方院校配合度较低，没有最大限度地发挥主观能动性，将当地最优质的外宣资源引入孔子学院。孔子学院以往开展招生注册和文化周等活动的时候，也积极与当地广播、电视报纸等媒体进行互动，有效地扩大了孔子学院的知名度，但以上方式频率过低，没有常态化。

伯南布哥大学的校方社交平台，以伯南布哥大学官方 Instagram 为例，有 5.2 万粉丝，每日推送量大，受众广，但是由于校方配合的缺失，直至 2022 年，孔子学院的推送未能登上其主页，仅在其直属机关国际处的主页上宣传，受众面相对较小。

孔子学院制作的网络宣传品以推文和海报为主，海报主要为未经过设计审美培训的孔子学院志愿者教师负责制作，缺乏专业性、不够精良。在这一方面，外方宣传部门未能与孔子学院进行协同，做好外宣工作。

（2）新媒体人才缺失。

在抖音、快手等短视频平台日益兴盛的时代，短视频是传播知识、推广文化的理想载体。孔子学院缺乏短视频制作人才，教师平时工作繁重，难以经常制作精美的短视频，一个孔子学院是否具有精通视频制作的教师往往取决于教师个人兴趣和能力。

（3）网络曝光率不足。

通过 Meta 和 Instagram 等媒体进行宣传时，尽管内容精良，而作为未经认证的新用户，孔子学院仍然往往遇到系统算法限流，使得推文不会被太多当地用户看到，平均每次阅读量维持在两位数、三位数。而购买推广意味着要使用外国的账户或信用卡，给海外工作的中国教师带来了困难。网络上的曝光率不足，成为制约孔子学院扩大影响力的一个关键因素。

孔子学院的运营负责人在日常网络推广时，并未注重采用"大号推荐"等方式，积极联系当地有影响力的院校代为转发、帮做推广，而这种"自力更生"的用户增长模式效率相对低下。

四、孔子学院文化传播过程中面临的困境及挑战

（一）孔子学院的结构性师资队伍问题

孔子学院的两大基本功能是开展中文教学和文化活动，而这需要专业的人才支撑。以文化活动为例，形式丰富多样，涉及面广，需要组织者有策划能力、组织能力、外语能力、传统才艺能力，甚至要有平面设计能力和新媒体运营能力等。伯南布哥大学孔子学院每年线下举办超过100场大小型文化活动，如此高频率、多种类的文化活动，对孔子学院人才队伍的专业性、复合性提出高要求，甚至某些单次活动本身就涉及众多文化要素和传统才艺，如传统节日庆祝活动、全球孔子学院日、中国文化周等。孔子学院师资队伍目前以国际中文教师志愿者为主，但由于其任期一般为一到两年，更迭频繁，使得办学难度增大。例如，孔子学院组织民乐培训，其中一名弹中阮的老师两年后离任，其学生的中阮水平刚有起色，却"失去"了授课老师，新来的民乐方面的老师只会葫芦丝和古筝。这样的案例反映了"走马灯"式的教师轮换带来的教学效果削弱。还有一些孔子学院重点将功能厘定为中文教学，师资选拔方面以国际中文教育水平为规尺，但随着各类文化活动的开展和学术科研平台的搭建，孔子学院的综合性日益凸显，原有的单一中文教育人才已再难满足需求。如再不考虑专门的文化传播人才培养和储备，只能坐井观天，进行"作坊式"的小众文化传播，难以持续办出在当地具有高影响力的品牌型文化活动。

以伯南布哥大学孔子学院2014—2019年为例，共有志愿者教师38人，公派教师2人，巴西本土教师2人。可以看出，国际中文志愿者教师是文化传播的绝对主体。38位志愿者教师的专业包括：汉语国际教育、汉语言文学、

英语、文字学、教育学、学科教学，以及财经类相关学科。虽然志愿者教师队伍年轻且富有朝气，学科背景多样，对中文教学和文化传播有热情，但是传统才艺仍然相对不足，一般仅为个人爱好。短暂的任期使得每位教师在刚适应国外生活，对文化传播开始驾轻就熟、得心应手的时候，就面临换届离任。新形势下要解决孔子学院的人才支撑问题，必须在推动师资本土化的同时，进一步推动国际中文教育领域和国内高校、研究所、企业、国际社会的协同创新，整合优势资源，优化派遣方案，以推动人才培养和储备模式的改革，否则现有的国际中文师资将越来越难以应对当地日益增长的中文爱好者和文化推广需求。

（二）当地机构营利性需求影响与孔子学院开展办学合作

虽然巴西公立高校能提供更优质的教育服务，但是数量相对稀少，无法满足社会各阶层的需求。在这一背景下，私立高校应运而生，在数量上占有一定的优势。巴西公立大学不收取学费，往往欢迎和接受与孔子学院的合作，但私立大学具有营利性需求，和孔子学院目前提供有偿教育服务有着利益诉求上的重叠。

伯南布哥大学孔子学院曾和巴西东北部地区9所私立院校（伯南布哥天主教大学-UNICAP，UNINASSAU，UNIBRA，Zarinhas文教中心，Estácio，达马斯学院-DAMAS，伯南布哥医学院-FPS，伯南布哥道文化学院，Cesar School）展开合作洽谈，商讨共建中文教室、教学点适宜，均能够就将中文课程引入该校教学体系、协同传播中国文化达成一致。然而，在达成合作意向之后的办学实践中，仅达马斯学院教学点正式投入了运营，持续了两学期，其他院校均未为孔子学院进行有效的招生。巴西的私立学校分为营利性质的学校和公益性的学校，后者主要是宗教类学校，而营利类院校占据主体地位，巴西的私立学校按照公司的经营方式运行，赋税较高，一般占据学校收费的35%，包括所得税、职员社会保障等，其总体利润水平在10%左右[1]，面对如此高的税收压力，私立院校自然不愿意免费提供教学场所和招生服务来为孔子学院开设教学点。上述与孔子学院对接过的9所私立院校中，唯一成功开过课的达马斯学校与孔子学院达成了学费五五分成的协议，合作才得以落实，其他院校都不愿意接受纯公益型的合作模式，有的不愿意免费为孔子学院教师提供交通住宿，有的甚至不投放孔子学院的招生宣传。

与私立院校的合作难以开展，使得孔子学院在当地的合作对象少了"半壁江山"，在当地社会的曝光度、影响力受到限制，难以进一步深入当地社会。

（三）线上线下资源合流时必将面对割舍

近年来，随着互联网技术的发展，全球多数孔子学院开设了线上中文课程和文化活动。2020年受新冠疫情影响，伯南布哥大学开始用线上课程代替线下课程，并采用线上形式举办全部文化活动，以临时应对全球新冠疫情带来的人员派遣困难问题。随着线上课程知名度的扩散，目前已经有10%的学生来自累西腓市以外的地区。随着疫情的好转，孔子学院的中国师资队伍必将再次派遣前往巴西，恢复线下课程。届时孔子学院的工作重心也应当回归线下中文课堂和实地文化活动，在市外乃至州外上网络课程的学生将何去何从？同时，线上中文课程和文化活动举办实践中积攒的经验和技术如何推动

---

[1] 孙霄兵、周为、胡文斌，《巴西的私立教育》，《比较教育研究》2002年第4期，第58页。

线下教学活动的发展？如果不能实现线上线下融合发展，采取"非此即彼"的取舍态度，则是对已有创新教学成果的否定，潜在地打击一部分文化传播受众的积极性。

目前，全球孔子学院在创新办学模式方面已经积累了一定的经验，如电视孔子学院、广播孔子学院、网络孔子学院、网络夏令营。但如何在线下办学模式已经成型的传统孔子学院中引入和融合新模式，必将需要团结与融合各方面的人才、资源优势，共同推进孔子学院的新发展。

五、在巴西东北部如何更好地因地制宜传播中国文化

（一）内涵化

1. 创新文化传播形式

在举办文化活动之前，孔子学院应在社交媒体平台上进行宣传。考虑到近年来巴西人使用习惯的转变，应当重点开发 Instagram 主页。为了走进当地社区，全球孔子学院日庆祝活动、中国文化周、文艺巡演、中文歌唱比赛、春节晚会等大型活动举办前，可以在当地临近院校张贴海报或悬挂易拉宝，甚至考虑在社区投放广告。孔子学院总部网站上更新的宣传片、汉语桥视频都可以下载利用，在孔子学院主页上播放，增加受众的好感度。

以伯南布哥理工学院为例，超过 30% 的学生尝试过或有兴趣在油管（YouTube）等视频平台寻找中文教程。可见短视频是传播中文知识和中国文化的理想渠道。面对短视频崛起的新常态，孔子学院不应"放任自流"，应当通过研讨会等形式，多学习、多参考，在油管、抖音海外版等海外视频平

台打造有风格、有内涵、有价值的短视频产品。制作的短视频不需要过于精致，更新不必过于频繁，但是如果因为入门困难就不去尝试编导、设计、拍摄、剪辑，则将一直落后于时代的潮流。

另外，孔子学院文化传播目前存在注重前期、轻视后期的问题。后期报道不足，影响课程和活动的口碑树立、受众扩大。在春晚、汉语桥、国庆等具有代表意义的活动后，可邀请纸媒、自媒体平台等对相关人员进行进一步的访谈，通过专题报道等形式来继续对文化活动后期进行跟踪报道，做好活动后续宣传工作。[①] 除此之外，孔子学院的活动后续报道一般以国内院校新闻网和孔子学院 Meta、Instagram 短讯的形式发出，缺乏外方官方化的网页报道，很少有新闻能被伯南布哥大学官方信息网转载。一是引文活动频率高，每周报道确实不现实；二是因为汉葡互译任务艰巨，缺乏精通葡语的国际中文教师。对此分别有两点改进措施。第一，每学期开学伊始就与外方沟通协定，汇报本学期需要报道的重大活动时间表，便于外方统筹宣发，选取最具影响力的活动进行报道，以将文化传播成果更有效地分享给当地学生。第二，中文翻译成葡语的任务可以请高级班的学生完成，以作业的形式分配给学员，既完成了孔子学院的工作任务，又满足了学员的学习实践需求，中文教师仅需要进行最后的校对审阅工作。

2. 传统文化与当代文化结合

和传统文化相比，网络文化是中国当代文化的突出面，因为网络是良好的载体，其影响力能够突破距离的限制。通过网络，中文推广工作者可以展示优秀的近年正在崛起的国产电影、动漫、综艺、音乐，亦可以将体现当代

---

① 冯亚，《巴西伯南布哥孔院中国文化活动现状调查报告》，西安：西北大学硕士论文，2020年，第44页。

文化的中国短视频传播给其他国家，展示当代中国人的生活、服装、美食、舞蹈、音乐等。微博、抖音、哔哩哔哩、知乎等国内网络文化平台近年来也吸纳了越来越多的国际友人注册。

不论是内容还是形式，在文化活动的编排设计中，应当增加当代文化的比重，使学生认识到除了传统的剪纸、书画、功夫、民乐等之外，中国人还有丰富多彩的当代文化生活，加深他们对中国的理解和向往。

（二）本土化

1. 本土教师的培养

目前全球孔子学院师资配备仍然以派遣国际中文志愿者教师为主，人数多，培训和补贴成本高昂。官方数据显示，截至目前全球约有1500所孔子学院和孔子课堂。若每个孔子学院或孔子课堂拥有的中方管理人员和中文教师按平均5人计算，那么总数为7500人。孔子学院总部一年用于中方管理人员和中文教师的经费补贴就得过亿美元。另一方面，志愿者教师要么是国际中文教育专业，要么是外语专业，导致教学水平和外语水平往往不相称，面对国际复杂的语言文化环境，志愿者教师在授课和业务沟通上具有一定的劣势。在巴西这样的非英语国家采用英文授课，更会大幅度减少中文课程的受众。

但是，正如国内英语等外语机构的主要教学力量都是中国人一样，海外的本土教师才是国际中文教育推广的未来主力军。本土教师往往拥有当地国际或长期居留许可，更加了解当地文化和社会，能更好地融入学生群体，用自己本土化的学习经验和见解帮助指导学生学习，在和当地人工作交往中也没有语言文化壁垒。只有当一个国家拥有大量本土教师来从事中文教学，中文教学才有可能在当地真正热起来，中文的传播和推广也就可以持久、深入，若想让中文真正在国际上扩大影响力,最终还是要依靠当地的人才。

目前巴西伯南布哥大学孔子学院有两名本土教师,一名为中文教师,另一名为功夫教师,人数少,难以应对日益增长的教学和实地工作任务。为推动孔子学院可持续发展,应当建立完备的选拔、聘用、实习、培训等流程,与中方院校形成合力,建立岗中培训、再深造学习的机制,从而逐步减少国际中文志愿者教师人数占比,中国志愿者教师则逐步转型,将工作重心转向高级课程教学、文化活动组织、教学研究设计、本土教师培养,而不再是单一的讲课和组织活动。

2. 将中文课程纳入当地课程体系

从 2015 年开始,孔子学院在伯南布哥理工学院(Poli-UPE)和管理科学学院(FCAP-UPE)开设了学分课程,以前者为例,不论是线下还是线上,每学期都有超过 40 人报名,是该学校较为热门的课程。但是除此之外,伯南布哥大学孔子学院并没有开设更多学分课。

然而,当地每个公立高校都还有很多校区,尝试开设线下学分课之前,孔子学院并没有通过问卷等形式对当地各校区学生进行意向调查,也没有考虑距离、经费等现实因素,导致孔子学院的课程并没有充分融入当地其他公立高校课程体系,往往以开设教学点这一更灵活的形式呈现。为解决这一问题,孔子学院应当细化深化与当地高校的合作,加速调研、论证、签署、设立等流程,开设更多高校课程,通过将中文融入当地公立教育体系,提高当地高校学生学习中文的积极性。

除了加强与公立高校的合作,将课程引入当地私立教育体系也具有重要意义。巴西私立学校数量远多于公立学校,而且中小学数量较多。在当地最具影响力的私立中小学开设中文课程,可以让学生在启蒙阶段接触中文。里约热内卢孔子学院前院长乔建珍在巴西工作长达十年，曾参与创建了里约中葡双语高中。她表示，成人以后对事物的认知相对比较难改变，尤其是在面对差异如此大的语言和文化时，更早开始接触就会更加容易接受。"从娃娃抓起"有助于学生对语言的习得和对中国文化的理解，使其将来思维方式更具中巴两国特点，更加国际化。

鉴于这一先例，孔子学院应当认真研究当地私立院校盈利模式，创新合作方式，加快推进课程融入当地最具影响力的私立院校的课程体系，使更多学龄儿童、青少年有机会学习中文。

3. 融入当地社区，多参加当地活动

2017年和2018年，伯南布哥大学孔子学院参加过当地私立基金会组织的国际文化节活动，在繁华商业区通过摊位展览、书法体验等形式宣传了孔子学院和中国文化。2018年，孔子学院前往当地文娱活动中心（Compaz do Governador Eduardo Campos），表演了中国舞蹈和武术，超过50名学龄儿童前往观看。然而，以上的尝试并没有常态化、深入化。孔子学院应当更积极地与当地驻外使领馆、政府、社区、企业、商场、商会及非政府组织开展友好合作，将文化系列讲座、中国才艺表演引入当地社区，让更多民众认识孔子学院、认识中国。

同时，巴西人民热情、开朗、包容，乐于接受外来文化。孔子学院可以积极参与当地的盛大节日，巴西每年2月底或3月初举办狂欢节，以累西腓邻市的奥林达为例，该市距累西腓只有半小时的车程，该地的狂欢节在全国乃至全拉丁美洲都享有盛誉，每日游行人数超过20万人。如果能将汉服、舞龙、舞狮等经典中国元素通过当地节日进行传播，也能提高中国文化在当地的受欢迎度。

（三）特色化

1. 细化课程

目前围绕《当代中文》《精英汉语》《跟我学汉语》《新实用汉语》等传统教材开设的汉语综合课，在孔子学院课程体系中处于绝对核心地位。但事实上，孔子学院学生也包含中学生、大学生、当地华人，涵盖初级、中级、高级，结合学生的不同需求和学历程度，孔子学院应当细化课程体系，丰富课程内涵，满足当地不同层次的市场需求。

除了传统的中文综合课之外，孔子学院可以因地制宜，调研当地民众、企业、华人群体的切实需求，因地制宜地开设商务汉语、旅游汉语、金融汉语、物流汉语、医疗汉语等"中文＋职业技能"课程，为中国企业在当地投资建厂培养既懂技术又懂中文的复合型人才，提升学生的就业竞争能力。

2. 完善培养体系

伯南布哥大学孔子学院的中方承办院校为中央财经大学，作为国内一流财经院校，应当发挥财经类专业课程的特长，以促进两国之间经贸、文化、教育等领域合作为目的，开设多层次多类型的中国语言文化课程，同时注重发展学历教育，如"汉语＋经贸""汉语＋管理"等特色本科和硕士项目，为当地在校学生和社会民众提供更多来中国深造和理解中国的机会。

3. 开展学术交流与合作

同时，孔子学院应当充分利用中方院校学术资源，借助中巴经济与社会发展研究中心等学术科研平台，组织学术征文活动、召开学术研讨会，加强学术互访，助力孔子学院更好融入当地大学学术共同体，促进当地开展关于中国社会经济的学术研究，从而深入当地社会，为语言教学和文化传播营造更加良好的环境。

（四）专业化

目前委派至巴西的志愿者教师和公派教师，存在经验少、底子薄、任期短的问题。经验少，主要体现在师资队伍的执业经验参差不齐，相当一部分人只经过简单的岗前培训就予以派出，不少人都是零起点、零实战上岗，只能在孔子学院一线教学中摸着石头过河。底子薄，主要体现在师资队伍的专业背景参差不齐，如前文所述，很多教师缺乏本科国际中文教育的系统学习，功底不扎实，同时懂葡萄牙语的教师资源过于稀缺，使得中文教学与文化推广长期"负重前行"。任期短，主要是指志愿者教师的任期基本上为一年，任期届满就得回国内完成学业或找工作。极少数非常热爱国际中文教育的志愿者教师，才会申请延期。志愿者教师在离任前提出延期申请，经孔子学院和中外语言交流合作中心考评合格后，才能准予延期。频繁的教师更迭对教学效果的影响是显而易见的，师生之间好不容易彼此磨合、相互熟悉，又要大面积更换授课教师，这对学生心理而言是很难接受的。从教师的角度上来说，更长的任期能带给学生更稳定的学习体验，也能让教师充分适应当地环境、学习当地语言、了解当地社会，大大提升语言教学和文化推广的效果。

为促进教师团队的专业化，上述三个问题的解决将具有深远意义。我们建议加强对前往巴西地区的志愿者教师的选拔与培训。在教师选拔过程中，应优先考虑具有巴西实地教学和工作经验的相关人才，并根据教师身心情况适当批准延长任期。显然，派往巴西的最佳人选，是既有中文教学经历又会葡语的教师。在巴西中文教师和志愿者的选拔中应发挥拉美研究相关机构的作用，让国内研究拉美或巴西方面的专家、学者参与师资选拔。相应地，在对已获得遴选资格的师资队伍进行的培训中，也应安排一定课时学习和了解拉美的历史文化，查漏补缺。

除加强对教师队伍的选拔培训外，还应当坚持在任期间深入开设葡萄牙语入门课程，建立健全反馈和考核制度，不仅满足教师在当地日常生活沟通需要，也满足一定的教学和文化传播需求。

（五）数字化

与传统线下中文教学相比，线上教学除了免于通勤之外，在教学资源方面有更高的兼容性。以伯南布哥大学孔子学院《国画课》《书法课》线上课程为例，线上学习的学生主要通过视频观摩进行学习，学员们不仅可以通过屏幕看到教师的手部动作，还可以通过教师投屏分享的图片视频资料学习更多技法。虽然线下课程中老师也可以播放视频作品进行辅助教学，但在线上课程中，既然这种教法成为刚需，教师自然拥有更强的意愿去整合影视资源，提供更精彩的视听内容。同时，线上试听资源支持暂停回放功能，也深受书画类学生的喜爱。这样一来，线上课程的学生将收获更短的启动时间、更高效的技法学习、更宽阔的视野和更多的学习趣味。

网络是当今孔子学院学生获取信息的主要方式，在进入伯南布哥大学孔子学院之前，超过 15% 的学生有在手机软件、视频平台学习初级中文课的体验。

2020 年，面对全球新冠疫情的暴发和蔓延，全球孔子学院都加快了数字化的步伐，线上教学成为应对这一新形势的重要方式。从官方层面来看，2020 年 3 月 26 日，以五洲汉风网络科技有限公司、汉考国际教育科技有限公司为代表的 20 多家公司共同开发数字化云服务平台，"中文联盟"应运而生，旨在聚集全球中文教育资源，为国际远程中文教学机构提供辅助线上教学的服务。

面对新形势，孔子学院应当充分调动和利用线上教学资源，打破既定的空间格局，将新技术、新产品、新服务引入当地社会，实现线上线下融合式发展。

短期内，孔子学院也应当注重将更多科技元素和多媒体技术引入课堂教学，将互联网技术和数据库技术引入教务管理、图书馆检索、文化传播，加强师生互动，从而提高学生学习兴趣。

（六）协同化

1. 线上线下资源协同

受国际新冠疫情的影响，从2020年起，伯南布哥大学孔子学院以直播的形式，推出了线上课程，并开始尝试采用线上直播的形式推广文化活动，如2021年6月的夏令营，2021年12月的民乐艺术会演等。有了上述先例，未来在举办文化活动时，可以采用现场和直播并行的方式，吸纳线下观众参与的同时，也在社交平台上实时直播，使没有到场的学生和民众也能参与。直播时可以加入答疑、投票、抽奖等环节，增强对线上人员的吸引力，使活动效果更精彩，从而增加孔子学院的吸引力。

从中文课层面来讲，线下课程恢复后，必将有一部分在其他州市远程学习的学生无法亲自到场上课。孔子学院在恢复线下教学的同时，应保留少部分线上教学计划，照顾到各个级别，规划的总课时数或学员数可占孔子学院总量的20%，从而形成线上线下并重的教学格局。

2. 孔子学院与当地公立、私立院校之间的协同

以往孔子学院会在当地院校的支持下，前往当地各校区进行现场招生，并在其中一些教学点开课。当地院校仅仅提供场地、一两个志愿者协助。其

实，在媒体宣传、场地租借、教务管理等方面，孔子学院都应该向当地院校寻求更多支持和后勤保障。当地院校应当发挥更多主观能动性，将自身资源多用来建设好自己的孔子学院教学点，而不是签订备忘录、给予场地之后就放任自流。一些当地硬件设施突出的院校，应当发挥场地优势，从宣传、场地、技术等方面进行协助，多将孔子学院的中文课程、文化活动和学术讲座引入校园，上述合作观念，应当在合作洽谈阶段向外方充分说明。

3. 孔子学院与中方、外方院校协同

2020年孔子学院完成转隶，新的管理机制下，国际中文教育基金会和中外方合作办学机构是孔子学院品牌下的重要合作伙伴，中外方合作机构是举办孔子学院的主体。这意味着承担办学主体作用的中外方合作院校应当发挥更多的主观能动性，除了师资派遣和管理之外，孔子学院还应当在师生交流、师资培养方面与中方院校协同，为孔子学院的教师团队建设提供坚实的后备力量。

为加强孔子学院师资建设，中方院校不仅应加强国际中文教育本科硕士阶段的国内学历教育，为孔子学院输送中方志愿者教师，还应注重通过奖学金项目培养外籍本土教师。孔子学院国际中文教师奖学金项目是激发学生学习兴趣、促进认识了解中国的重要举措，也是培养国际中文教育人才的重要保障。中方院校优化奖学金交流项目结构，强化奖学金绩效治理，能让海外孔子学院学生有明确的学习和奋斗目标，激发他们学习中文的兴趣。同时，加强以学历教育、在职中文教师培训为导向的人才培养，也能够解决孔子学院师资队伍建设的可持续发展问题，为孔子学院提供外籍储备教师。

外方合作院校在当地往往享有一定知名度，拥有众多的合作机会、广泛的学术资源和丰富的软硬件设施，作为孔子学院海外办学的对接点、根据地，应当成为孔子学院最坚实的后盾，为孔子学院在日常运转、人员配备、宣传推广、业务开拓、学术科研平台搭建等方面提供最有力的支持，在自身发展的同时注重惠及孔子学院发展。

4.孔子学院与当地其他社会力量的协同

为"加强统筹规划，创新思路办法，拓展交流途径，健全合作机制，有选择、有步骤、有层次地推进高等学校哲学社会科学走向世界，推动中华文化'走出去'，增强我国国际话语权"[1]，孔子学院在建设过程中，应当积极了解当地需求，和同行及各界保持良好关系，展示积极的合作意向，并与驻外使领馆、当地企业、华人团体和社会各界积极联动配合，巩固友好关系，主动开展教学合作、师资共享、学术科研、文化交流活动。

---

[1] 教育部，《高等学校哲学社会科学繁荣计划（2011—2020年）》，2011年，第1页。

第九章
孔子学院走市场化道路的思考

一、孔子学院发展中存在的问题

全球孔子学院在快速发展的过程中，一定程度上存在重申请轻建设、重数量轻质量、重输血轻造血等问题，巴西孔子学院也不例外。"重申请轻建设"主要表现为，中外合作双方较为注重孔子学院申办资格的获取，对于如何将孔子学院建设为对外交流的优质平台、如何提高孔子学院的办学质量等关注不多；"重数量轻质量"主要表现为追求规模上的扩大，希望孔子学院遍地开花，但是对于如何促进孔子学院的内涵发展、如何实现提质增效则考虑较少；"重输血轻造血"主要表现为，大多数孔子学院过分依赖孔子学院总部的资金支持，自身的创收能力不足。针对以上问题，孔子学院总部适时地提出了内涵发展、提质增效的战略，推动孔子学院的创新发展。学者围绕孔子学院如何提质增效，特别是在拓宽经费来源、增强造血功能等方面进行了研究和探讨。有的学者认为，孔子学院不应以追求经济上的盈利为目标，要考虑市场运作和市场机制的范围和限度,切勿掉入功利性语言推广的陷阱。①有的学者认为,孔子学院应实行有限市场化,通过下放办学自主权,最终实现孔子学院自主经营、自负盈亏。②有的学者认为,孔子学院必须面向市场,走产业经营型模式的路子,同时努力争取各种基金及捐助和汉办项目。③还有的学者认为,孔子学院应该建立完善的财税保障体系,特别是要建立个人、企业等公益捐赠税收优惠制度和信息公开的资金投入与使用监督制度,以确保孔子学院持续健康发展。④学者的分析具有合理性,为我们探究孔子学院如何走市场化道路、增加经费来源提供了有益的参考。但是,学者只是提出了宏观性的思路,没有提出具体性、可行性的措施。

二、几个问题的澄清

在具体论述孔子学院如何走市场化道路、增加办学经费来源之前,笔者以为有必要对以下三个问题进行详细的解释说明。

(一)营利性和非营利性的区别

众所周知,孔子学院是经中国国际中文教育基金会授权,由中外合作双

---

① 张西平,《简论孔子学院的软实力功能》,《世界汉语教学》2007年第3期,第26页。
② 褚鑫、岳辉,《孔子学院"有限市场化"发展战略模型与要素分析》,《东北师大学报(哲学社会科学版)》2015年第5期,第215页。
③ 吴应辉,《孔子学院经营模式类型与可持续发展》,《中国高教研究》2010年第2期,第32页。
④ 华国庆,《借鉴他国经验,建立完善的孔子学院财税保障体系》,《比较教育研究》2014年第2期,第105页。

方自愿、共同申请设立的非营利性教育机构。有人据此认为，孔子学院在推广汉语教学、传播中国文化的活动中不能收取费用，否则就违背了孔子学院的宗旨。果真如此吗？非营利教育机构就等于免费提供教育服务的教育机构吗？我们有必要对营利性的定义做一个解释。从经济学意义上而言，营利性是指企业或公司出资人谋求利润最大化并将获得的利润在出资人之间进行分配。从法律意义上而言，营利性是指企业的出资者或股东为了获取利润而投资经营，依法从所投资的企业获取资本的收益。[1] 无论是经济学意义上还是法律意义上的定义，两者都强调出资人对获取利润的分配。出资人对利润最大化的追求，是现代公司或企业在激烈市场竞争中生存、发展的内在驱动力。因此，所谓企业或公司的营利性，是针对出资者、股东依法能否从企业或公司获得利润而言的，与企业或公司本身是否获得利润无关。[2] 换言之，即使组织本身获得了利润，但是没有在组织成员之间进行分配，也不能认定为营利性组织。组织成员是否获得利润分配，是决定组织是否为营利性或非营利性的关键因素。非营利性组织在不将利润分配给组织成员的情况下，完全可以为组织的可持续性发展谋取所需的经济利益。

由此可知，非营利性只是一个区分和定义组织特性的词汇。非营利性并非指企业或公司不可以谋求经济利益或不可以从事市场化运作，而是指不能将收益分配给组织成员。在章程和法律允许的范围内，非营利组织完全可以从事市场化经营，只要将所得收益仍用于自身宗旨内的事业，不妨任其赢利，多多益善。[3] 前身孔子学院总部制定的《孔子学院章程》第三十一条规定，孔

---

[1] 史际春，《论营利性》，《法学家》2013 年第 3 期，第 2 页。
[2] 史际春，《论营利性》，《法学家》2013 年第 3 期，第 2-3 页。
[3] 史际春，《论营利性》，《法学家》2013 年第 3 期，第 11 页。

子学院不以营利为目的，其收益用于教学活动和改善教学服务条件，其积累用于孔子学院持续发展，不得挪作他用。该条明确指出，孔子学院可以从事市场化经营活动，但是必将所获得收益和积累用于孔子学院的教学和文化活动，确保孔子学院的可持续发展。

（二）市场化与公益性是否排斥

孔子学院的宗旨在于帮助世界各国（地区）人民学习汉语、了解中华文化，加强中外教育、文化的交流与合作，增进中国人民与世界各国（地区）人民之间的友谊。孔子学院不仅重视不同文明之间的交流，而且更加注重不同文明之间的互鉴。因为文明因交流而多彩，文明因互鉴而丰富。文明交流互鉴，是推动人类文明进步和世界和平发展的重要动力。孔子学院在宗旨上无疑具有公益性。有人担心：如果孔子学院采取市场化运作，势必会导致孔子学院在推广中文、传播中国文化的过程中偏离公益性目标，甚至会背道而驰，因为市场机制本质上是一种追求利益最大化的竞争机制。

孔子学院在实行市场化运作时，如何兼顾公益性的宗旨，是孔子学院实行市场化不得不考虑的问题。但是，孔子学院实行市场化运作，并不必然导致其公益性的丧失。孔子学院实行市场化运作的目的，并不是追求利润的最大化，而是用较少的成本获得中文教学和文化传播的高质量、高效率。孔子学院可以通过提供多样化的汉语课程和开展多元化的文化活动，来平衡市场化和公益性之间的矛盾，做到在市场化产品之外也有公益性项目，形成市场化和公益性相互补充、相得益彰的多元化格局。孔子学院的公益性项目能够为孔子学院树立口碑，培育潜在的学生生源；市场化产品能够增强孔子学院的造血功能，弥补办学资金缺口。① 公益项目的实施，需要资金投入的保障；而市场化运作的所得，正好可以为公益性项目的有效实施提供支持。因此，市场化和公益性完全可以共生于一个系统中，市场化运作保证了公益性项目的顺利进行，公益性项目的实施为市场化运作提供了生源基础，二者相互支持、相辅相成，并不排斥。

（三）免费教育是否必然带来学生生源的剧增

在我们传统的观念里，实行免费的教育服务，必然会带来学生人数的猛增。然而，在市场化程度较高的西方国家未必如此。西方世界的教育分为公立教育和私立教育，公立教育主要靠政府财政拨款，私立教育则靠学费收入和社会捐赠等。所以公立教育的收费很低甚至是免费的，私立教育则要收费较高的有偿服务。虽然大部分孔子学院都采取与国外学校合作办学的模式，孔子学院成为国外学校的一部分，或是一个独立的机构，或是一个学院下属分支部门。总体而言，中文成为国外合作院校学分课程或者进入学校学分选课系统的孔子学院数量不多。孔子学院只是为学校学生和当地社区民众学习中文、了解中国文化提供语言教学和文化推广服务。严格意义上说，孔子学院是一个语言文化教育机构。一个语言文化教育机构免费提供教育培训服务，容易让当地人产生一些误解。

其一，免费教育背后是否另有所图。在西方世界，语言文化教育机构提供有偿教育服务，是正常不过的事情，历来具有"你服务、我付费"的观念。孔子学院提供免费的教育服务，容易引起他们的警惕。

---

① 王彦伟、周冰玉，《一带一路沿线孔子学院有限市场化路径研究：新东方模式的借鉴与启示》，《云南师范大学学报（对外汉语教学与研究版）》2019 年第 4 期，第 32 页。

其二，免费语言教育很难留住学生。既然是不花钱，学生就不会珍惜，上课也会不积极，"三天打鱼、两天晒网"现象普遍存在。由此，免费教育不仅不会带来学生生源的剧增，而且还会引起西方世界的猜忌，不利于孔子学院健康良性发展。

三、孔子学院走市场化道路的路径

孔子学院分布范围甚广，每个孔子学院在拓宽经费方面都必须结合当地的情况，因地制宜地制定符合自身条件的措施。笔者所在的巴西伯南布哥大学孔子学院，自2018年实行有偿国际中文教育服务以来，学生人数逐年增加，教学规模不断扩大。笔者结合伯南布哥大学孔子学院的做法和实践，就如何走市场化、拓宽经费来源提出以下具体措施。

第一，制定多样化学费管理办法，逐步缩小免费生范围，着力增加缴费生人数。为扩大学生规模、增加学费收入，伯南布哥大学孔子学院在立足当地实际的基础上，多方调研、借鉴其他孔子学院的做法。首先，伯南布哥大学孔子学院的外方合作大学，是伯南布哥州的州立大学，属于公立大学。巴西公立大学的教育是免费的。根据这个情况，伯南布哥大学孔子学院在大学里开设了一学年的中文选修课程，这是不收费的。学生学完一学年的中文课程后，就必须到孔子学院来学习高一级别及以上中文课程，学习这类课程的学生是需要付费的。如果外方合作大学允许孔子学院在大学开设中文必修课程，孔子学院也是愿意开设的，因为能进入大学的必修课学分体系，是中文深受大学重视、学生喜爱的有力证明。其次，根据学生的情况进行分类。依据性质不同，学生主要可以分成公立学校学生、私立学校学生和社会就业学生。针对公立学校学生，不管是小学、中学还是大学的学生，只要在孔子学院注册学习，一律享受半价优惠，包括已经在外方合作大学免费学习了一年中文课程的学生；私立大学和社会就业学生在孔子学院注册学习中文不享受半价优惠，必须全额缴纳学费。如果公立学校允许伯南布哥大学孔子学院开设中文学分课程，孔子学院按照上述第一种做法处理。再次，伯南布哥大学孔子学院根据伯南布哥州狭长地形的特点，保留了一部分线上中文课程，对于不在累西腓市内的学生，孔子学院继续开设了线上中文课程，满足伯南布哥州其他城市或者临近州的学生学习中文的需求。孔子学院也会根据其他城市或临近州的请求开办中文教学点，派驻中文教师去当地讲授中文。最后，孔子学院也会考虑学生意愿开设一对一或一对多的私教课程。对于学习中文时间较长的学生，中文水平相对比较高，他们希望能够通过私教课程的学习，想进一步提升中文水平，孔子学院在统筹考虑中文教师的工作量后，适当地给中文教师安排私教课程，这样既能满足学生的需求，又能保证中文教师的教学工作量，还能增加学费收入。私教收费标准较之普通中文课程要高，因为它们占用的教学资源较多。

通过实行多样化的学费办法，伯南布哥大学孔子学院注册学生形成了免费生、半费生和全费生三种类型，并且半费生和全费生的比例逐渐增大，在2019年第二学期首次实现了缴费人数超过免费人数，缴费生比例达到58.75%；疫情期间开始线上教学，在2021年第一学期缴费人数超过了免费人数，缴费生占比51.1%。

第二，建立多层次的课程体系，满足学生多样化的需求。当前，大部分孔子学院的课程设置过于单一，基本上是以中文教学为主，使用的教材大体为《跟我学汉语》《快乐汉语》《当代中文》《新实用汉语课本》等,无法满足学生多样化的学习需求。孔子学院应该根据学生来源的多元性,设计不同层次的课程体系。

孔子学院的学员一般包括当地民众和华人华侨,可以根据学生的中文水平和学习需求,将其细分为几个层级。首先,孔子学院可以开设普通中文课程,包括初级、中级和高级中文课程,教材可以使用《跟我学汉语》《快乐汉语》《当代中文》《新实用汉语课本》《发展汉语(高级阅读)》《发展汉语(高级写作)》等。开设这些课程的目的,是满足当地民众和华侨华人或者其子女学习中文的需要。其次,一些华侨华人或者其子女,中文口语水平比较高,能说会道,就是不会写汉字。针对这样的学生群体,孔子学院可以开设硬笔书法课程。为了激发学生练习写汉字的兴趣,避免课堂的枯燥乏味,可以以彩图注音版的《三字经》《弟子规》或《中国古典诗词》为辅助教材。课堂的前半部分主要讲授《弟子规》或唐诗,既让学生学习中国传统文化中的精华,又让学生了解了中国传统的道德观念。课堂的后半部分主要侧重汉字的临摹和练习,学生在教师的指导下,按照《三字经》《弟子规》或《中国古典诗词》的硬笔字帖要求认真临摹练习,在练习的过程中,慢慢掌握汉字的笔顺和结构,最终在脑中记忆汉字的写法和养成正确的书写习惯。最后,一些当地民众和华侨华人对中国的国画和古典乐器很感兴趣,孔子学院可以开设中国国画绘画课程或者古典乐器演奏课程。以中国国画绘画课程为例,课程采用理论与实践相结合的教学理念,帮助学生了解中国国画的经典与魅力,帮助学生掌握中国国画的绘画技巧和要领。课程前半部分是讲授国画的基本理论、国画的审美和鉴赏;后半部分则指导学生练习如何进行白描、写意花鸟、山水画创作等,让学生体会笔墨运用的乐趣和魅力,培养学生对美的悟性和创造力。

伯南布哥大学孔子学院根据学员中文水平和兴趣爱好的不同，开设了包括书法课、国画课、商务汉语课和普通中文课在内的全方位课程体系，既满足了学生学习中文的要求，又扩大了学生规模，增加了孔子学院学费收入。

第三，发展职业中文课程，提升学生适应社会的能力。中国是当今世界第一大贸易国、第二大经济体，中国与很多国家有经贸往来，中国经济逐步走向世界，与世界各国进行经贸合作，中国企业对外投资的数量逐年增加。中国企业在国外投资建厂特别需要会中文、懂中文的人才。另外，随着中国迈入小康社会，人民群众的生活水平提高、家庭收入增加，吃得饱、穿得暖。越来越多的中国民众开始走出国门、到世界各国去旅行，领略不一样的风土人情。这就为孔子学院发展职业汉语课程提供了坚实的基础和保障。

因为共同的语言环境能够降低交易成本，为经贸合作创造条件；语言的传播有利于中国与世界增进了解，为境外旅游铺平道路。[①] 孔子学院可以根据当地的实际情况，结合当地企业和社区民众的需求，因地制宜地开设商务汉语、旅游汉语、金融汉语、物流汉语、医疗汉语等"中文+职业技能"课程，为中国企业在当地投资建厂培养既懂技术又懂中文的复合型人才，提升学生的就业竞争能力。

第四，构建多元交流平台，争取更多资金支持。孔子学院应该积极加强与当地中资企业和本地学校、政府、企业等的合作，充分发挥孔子学院的文化传播功能，将孔子学院建设成为集中文教学、文化传播、科学研究和社会服务一体的多元交流平台，满足当地社会的需求，积极争取当地中资企业和本地学校、政府、企业等的资金支持。一方面，孔子学院可以利用在当地的

---

① 连大祥、王录安、刘晓鸥，《孔子学院的教育与经济效果》，《清华大学教育研究》2017年第1期，第44页。

影响力，或者利用举办大型活动的机会，宣传当地中资企业或华侨华人企业，扩大它们的知名度和认可度，以获取它们的赞助；另一方面，孔子学院利用自身的条件，积极为本地学校、政府、企业等开展与中国的交流或合作服务，为它们提供语言、联络等服务；孔子学院也可以通过积极参与当地的公益服务，为社区、公益组织等提供语言和文化服务，争取它们的捐赠或基金。

伯南布哥大学孔子学院根据合作院校的学科优势，成立了经济与社会发展研究中心，旨在吸引、凝聚中国和巴西知名学者研究两国经济与社会发展中的问题，为两国企业、政府、高校和社会团体等提供咨询报告或政策建议。随着经济与社会发展研究中心在当地影响力的不断提升，越来越多的企业、政府部门或社会团体就会与研究中心合作，对它们关心的问题以课题资助的方式委托研究中心开展研究，研究中心提供可行性的咨询报告或政策建议。

第十章
学术研究如何助力巴西孔子学院的新发展[①]

孔子学院作为中国向世界开展中文教学、推广中国文化、促进人文交流的语言文化传播机构，不仅是中国文化交流的一个重要平台，更是世界各国人民了解中国文化的一个重要窗口。为加快推进国际中文教育的高效发展，提高孔子学院的办学质量，为各国民众提供优质的中文教育服务，孔子学院总部于 2020 年上半年进行了转隶，改由"中国国际中文教育基金会"全面负责运行孔子学院。转隶的目的，一是提升国际化水平，借鉴英国文化委员会、法语联盟、歌德学院、塞万提斯学院的经验，采取适度的市场化运营模式，以保障孔子学院可持续发展所需的资金支持。二是推进民间化进程，淡化孔子学院的意识形态色彩，增强其民间属性，为国际中文教育的跨越式发展创造条件。简而言之，优化组织架构，发挥中外方合作院校的办学主体作用，扩大双方参与的深度和广度，是此次转隶的关键所在。

---

① 原标题为"新模式下孔子学院的新发展——以学术交流的视角"，《大众文艺》2021 年 2 月 15 日，本书作者做了一定的修改。

一、孔子学院功能的论述

关于孔子学院的功能定位，学者进行了详细的讨论。概括起来主要有以下三种观点：首先是一元说，该观点强调孔子学院应紧扣语言教学的核心功能，做精、做强中文教学主业，孔子学院设立的宗旨就是向全球提供中文教学服务；其次是二元说，该观点认为孔子学院应一手抓中文教学，一手抓文化推广，因为语言不仅是文化的载体，更是认识文化的钥匙，语言和文化具有天然的联系；最后是多元说，该观点主张孔子学院应成为多元交流平台，孔子学院除了教授中文和推广文化的功能外，还具有公共外交和促进经贸发展等功能。

学者站在不同角度进行论述，都有一定的合理性，现对上述观点做简要评析。孔子学院是语言教育机构，语言教学质量无疑是其生命线。基于此，一元说强调孔子学院应专注于中文教学，集中所有资源办好中文教育。此外，作为语言教育机构，孔子学院如果热衷于从事语言教育之外的活动，难免会授人话柄；只从事语言教学，而不涉及其他领域，可以消除个别国家或政客对孔子学院合法性的质疑。但是，语言本身就是文化的一部分，只涉及语言教学而不涉及语言背后的文化，这样的语言教学就会枯燥无味、后劲不足；孔子学院遭受他国或他人质疑的关键点，在于经费来源和人员组成。只要经费由政府拨付、教师由政府派遣，那么孔子学院遭人质疑的声音就会一直存在。

二元说主张孔子学院应将中文教学和文化推广置于同等重要的位置，不仅因为语言和文化密不可分，而且由于各国语言推广机构都采取类似的做法。各国语言推广机构在推广本国语言的同时，积极宣传本国文化，以此提升软实力和影响力。不可否认，语言和文化具有天然的联系，语言是文化的载体。然而，语言教学是孔子学院的核心功能，也是其与国外教育机构合作的基石。

孔子学院的文化推广活动，不但应围绕语言教学的核心功能展开，还应符合中外合作院校的本质内涵。

多元说指出，孔子学院除了承担语言教学、文化推广的基本功能外，还兼具公共外交、促进经贸发展、社区服务等职能。孔子学院承担的功能太多，容易迷失自我、功能紊乱，成为他人或他国攻击孔子学院的靶子，进而影响其健康发展。

因此，在转隶至中国国际中文教育基金会框架的新模式下，孔子学院的功能如何定位，显得尤为重要。孔子学院的办学主体，中外合作院校的占比最大。既然孔子学院是中外合作院校在平等协商基础上建立的，其功能理应符合中外合作院校的本质——教育和学术。以语言教学和学术研究为主旨的交流与合作，应成为孔子学院的核心。

二、学术交流对孔子学院发展的作用

（一）学术交流有助于孔子学院提升教学水平

国际中文教育的核心要素是教师、教材和教法。三者如何进行本土化，是制约孔子学院国际中文教育可持续发展的瓶颈。[①]从事教师、教材和教法的本土化研究刻不容缓。如何进行本土化教师的培养、如何开展本土化教材的编写，如何实现本土化教学方法的落地，涉及各国教学思想、文化差异、性格特点和教学模式的影响。因此，教师、教材和教法的本土化，离不开对各

---

① 彭现堂，《孔子学院如何助力人类命运共同体建设》，《国际公关》2020 年第 9 期，第 254 页。

国语言文化、教学思想、学生性格特点等进行深入研究。异域文化中的教学思想根植于特定民族的历史与文化传统，异域教学思想的本土化实质上是教学文化的一个重塑过程。①孔子学院可以以语言文化为龙头，组织中外合作院校的学者对两国语言特点、教学思想等展开研究，为教师、教材和教法的本土化建言献策，提出可行性的研究方案，着力提升孔子学院的教学水平和办学质量。

（二）学术交流有助于孔子学院更好地融入国外大学的学术共同体

中文教育经过多年发展，已被全球 70 多个国家纳入国民教育体系，4000 多所国外大学开设了中文课程。孔子学院在中文教育方面取得的成效颇为显著，孔子学院与国外大学的语言教学院系或国际合作处等部门的合作友好、关系紧密。然而，孔子学院在国外合作大学的影响力也仅局限于语言教学。如果孔子学院能够根据中外方合作大学的学科特色，开展有学术深度和学术价值的学术交流活动，那么就能吸引双方大学甚至两国学者就相关领域进行针对性、团队型的研究，从而形成一个固定的学术研究团队或学术研究结构。这种形式能够密切连接两校或者两国之间学者的学术联系，将学者之间的学术交流与合作长期化、常规化。"以这种形式进行的文化交流，不仅能够使孔子学院真正摆脱孤立海外语言教学机构的身份"②，而且能够使孔子学院融入国外大学的学术共同体中，发挥着两校乃至两国学术交流与合作的桥梁与纽带作用。

---

① 刘德华，《全球化时代异域教学思想的本土化问题之思》，《现代大学教育》2011 年第 3 期，第 13 页。

② 王润泽，《孔子学院功能定位与安全发展的战略思考》，《新闻春秋》2016 年第 2 期，第 13 页。

（三）学术交流有助于孔子学院搭建合作双方深度交流的平台

孔子学院融入国外大学的学术共同体后，就将两校乃至两国之间的学术联系建立起来了。再通过学术研讨会、讲席教授、海外讲学、海外访学等项目，将两校乃至两国学者"请进来"或"派出去"，让他们切身体会，了解两校或两国的真实发展情况。借助学术平台了解各自的发展现状、文化背景后，双方合作大学可以进一步就如何深化学科建设、学生联合培养、文化交流等方面的问题进行合作探讨。于是，孔子学院单向度的语言教学和文化推广活动就逐渐转变成双方合作大学双向度的合作交流活动，各种交流活动由双方校领导主动发起，自上而下、有条不紊地推进。在内容上，孔子学院文化推广活动由低层次的传统文化体验上升为高层次的文化研究与合作；在受众上，孔子学院文化推广活动由普通民众上升为知识精英。因此，学术研究能够为孔子学院的发展搭建更宽广、更深层的文化交流与合作的平台，能够扎根社会、深入民众，为语言教学和文化推广营造健康、友好的发展环境。

三、孔子学院开展学术交流的途径

（一）设立学术研究机构

孔子学院可以根据两校的学科优势，在孔子学院内部建立学术研究机构；如果孔子学院建立研究中心的条件不成熟，孔子学院可以帮助两校在大学寻找建立学术研究机构的部门。学术研究机构的建立，能够定期组织双方开展学术交流活动，为促进双方学术对话、升华学术思想提供研究平台。

伯南布哥大学孔子学院于 2019 年 11 月成立了伯南布哥大学孔子学院中

巴经济与社会发展研究中心，旨在吸引、凝聚巴西知名学者研究中国和巴西经济与社会发展中的问题，为中巴企业、政府、大学和社会团体等提供咨询报告或政策建议；加强中巴两国学者之间的学术交流与合作，推动两国学术研究和人文交流向高层发展；深化孔子学院服务社区的能力，构建孔子学院双向、多向交流平台。

伯南布哥大学孔子学院中巴经济与社会发展研究中心隶属于伯南布哥大学孔子学院，实行主任负责制。研究中心主任负责制定中心发展规划、年度工作计划、年终总结报告，选聘研究人员，筹措运营经费，拓展公共关系，以及日常运营和管理事务等。中心主任由伯南布哥大学孔子学院外方院长担任，副主任由伯南布哥大学孔子学院中方院长担任。研究中心下设学术咨询委员会，负责向中心主任在一系列事务方面提供意见和指导，包括中心发展规划、年度工作计划、研究人员选聘、研究人员学术成果评价、中心经费筹措、研究项目获取、研究项目发展以及公共关系拓展等。学术咨询委员会设立荣誉主席2人，分别由伯南布哥大学和中央财经大学校长担任；学术咨询委员会设立主任1人、副主任2人，委员9人，聘期为3年，可以续聘。

（二）召开学术研讨会议

孔子学院根据两校的实际情况，每年定期或不定期召开学术研讨会，邀请两校的专家学者到大学进行面对面的学术研讨，为两校或两国的专家学者提供学术碰撞、思想交锋的机会，增进彼此之间的学术了解、学术关切和学术动向，并就两国发展中的现实难题，总结经验教训，以国际化的视野服务于两国国家发展战略。

自2019年11月成立以来，伯南布哥大学孔子学院中巴经济与社会发展研究中心每年定期召开学术研讨会，邀请两国专家学者围绕数字化转型、生态文明、大数据科学与经济发展、大数据外交、环境危机、城市与新冠疫情的关系和影响、"一带一路"背景下中巴清洁能源的交流与合作、中国－粮农组织南南合作及其对全球粮食安全的贡献等主题进行线上或线下的学术交流，为两国专家学者提供了学术思想交锋的机会，增进彼此之间的学术了解和学术关切。截至目前，中巴两国共有60多位专家学者参与学术研讨，近750名师生出席观看。可喜的是，伯南布哥大学阿德米尔教授分别与中央财经大学刘骊光副教授合作撰写的论文在国外期刊上发表；伯南布哥联邦大学经济系理查德教授邀请中央财经大学经济学院于爱芝教授参与课题研究并合作撰写论文。他们就是通过研究中心召开的学术研讨会上相互认识，继而在学术探讨中彼此合作，并将研究成果在国际学术刊物上发表，这正是研究中心成立的初衷之一。

（三）组织学术征文活动

孔子学院根据学术研究机构拟定的征文主题，面向所在国学者、大学生和研究人员等征集论文。论文征集结束后，孔子学院组织双方学者对论文进行评审，选出一定数量的优秀论文；邀请优秀论文获得者到学术研讨会现场进行论文宣讲，与参会学者进行讨论和交流，分享研究心得；还可以通过教育团组或夏令营等项目，邀请优秀论文获得者来中方合作院校参观访问，让他们近距离接触、了解中国文化。

在定期召开学术研讨会的同时，伯南布哥大学孔子学院中巴经济与社会发展研究中心积极面向巴西学者和学生开展学术征文活动，共接收论文80余篇。中心组织专家对论文进行匿名评阅。论文被评为优秀的，不仅可

以推荐至学术期刊 *Boletim do Tempo Presente* 上发表，其作者还将参加孔子学院组织的教育访华团或学生暑期夏令营，前往中国中央财经大学访问交流。学者和学生参与的积极性很高，研究中心的影响力和知名度逐年增强。孔子学院中巴经济与社会发展研究中心学术研讨会征文部分优秀论文发表如表10-1所示。

表10-1 孔子学院中巴经济与社会发展研究中心
学术研讨会征文部分优秀论文发表一览表

序号	论文题目	作者姓名	发表期刊
1	Converging Paths: How China's History Can Shed Light into the Class Structure of Brazil	Ciro Barreto Moreira	Boletim do Tempo Presente
2	Brazil and China: on the Road to Energy Transition	Renan Cabral da Silva	Boletim do Tempo Presente
3	Collaborative Tools to Car Commuting in Brazil and China	Angelica Porto Cavalcanti de Souza	Boletim do Tempo Presente
4	Multicriteria Approach to Financial Risk Analysis in an Innovative Software Development Project at Porto Digital in Pernambuco	Taciana de Barros Jeronimo	Boletim do Tempo Presente
5	Assessing China's Policy Thinking on AI Development	Nathalia Viviani Bittencourt	Boletim do Tempo Presente
6	Chinese Medicine Practice in Brazil - Cultural and Scientific Exchange	Bruno Veloso de Farias Ribeiro	Boletim do Tempo Presente

续表

序号	论文题目	作者姓名	发表期刊
7	Opapel dos Influenciadores Digitais no Comportamento de Consumo dos Seus Seguidores	Djalma Silva Guimarães Júnior	Boletim do Tempo Presente
8	Transformação Digital Como Estratégia de Inclusão por Meio do Desenvolvimento de um Banco de Talentos para Pessoas com Deficiência na Universidade de Pernambuco, Tendo Como Base as Tecnologias Inovadoras da China	Héllen Bezerra Alves Barbosa	Boletim do Tempo Presente
9	A Cultura Chinesa Difundida Através das Mídias Sociais	Mariana de Melo Leenders	Boletim do Tempo Presente
10	Avanços e Recuos nas Estratégias de Segurança Alimentar: uma Análise do Caso Brasileiro	Henrique Salles Pinto	Boletim do Tempo Presente

（四）规划课题研究项目

孔子学院召集学术研究机构的学者和双方的专家，就两国的热点问题或学术前沿规划若干研究课题，面向所在国学者和研究人员发布申报通知；或者规划若干定向课题，邀请有意向的学者或研究人员参与研究。两国学者或研究人员在课题研究中相互探讨、交流，并将研究成果在两国学术刊物或者国际学术刊物上投稿发表，也可以通过国外出版社合作出版著作。这种紧密的学术联系，能够增进两国学者的友谊。

2021年9月，伯南布哥大学孔子学院中巴经济与社会发展研究中心积极与中国驻累西腓总领馆、中央财经大学合作，开展相关课题研究工作，组织中巴两国学者为总领馆提供研究报告等智力支持服务，发挥智库作用。中央财经大学根据总领馆的要求，业已成立了5个研究团队，课题研究的各项工作陆续展开，目前已进入结题收尾工作。在课题研究团队组建后，中央财经大学鼓励团队负责人积极吸纳巴西学者参与课题研究之中，为跨国别、跨文化的比较研究贡献智慧，进一步增进彼此间的学术联系和学者友谊。巴西东北部经济和社会发展研究课题资助情况如表10-2所示。

表10-2 巴西东北部经济和社会发展研究课题资助一览表

序号	课题名称	项目负责人	资助机构
1	中国脱贫攻坚经验如何在巴西东北部地区分享、推广和实施	高波阳	中央财经大学 中国驻累西腓总领馆
2	巴西东北部孔子学院文化传播能力建设研究	彭现堂	中央财经大学 中国驻累西腓总领馆
3	巴西欠发达东北部同发达东南部地区之比较	戴宏伟	中央财经大学 中国驻累西腓总领馆
4	中巴法律在税务、劳务、环保等领域有何冲突	董新义	中央财经大学 中国驻累西腓总领馆
5	中国企业在巴东北部投资兴业主要风险及机遇	刘骊光、刘燕	中央财经大学 中国驻累西腓总领馆

（五）创办学术研究期刊

在两校乃至两国的学术交流日益频繁和学术征文逐渐常规化的情形下，

孔子学院可以积极与外方大学沟通，建议外方大学创办学术期刊，专门刊登关于两国经济和社会发展问题的学术论文。如果外方大学已有类似的学术期刊，可以建议在该期刊辟出一定的版面，专门刊登关于两国经济和社会发展问题的学术论文。有了学术期刊的支撑，孔子学院或学术研究机构举办的学术征文和学术会议会更受欢迎，学者和学生的参与度会更深、积极性会更高。

Boletim Do Tempo Presente 是伯南布哥大学的学术期刊。在伯南布哥大学校长的支持下，伯南布哥大学孔子学院中巴经济与社会发展研究中心积极与该学术期刊合作，利用学术期刊的影响力，面向巴西和中央财经大学学者围绕拟定的主题开展学术征文活动，截至目前共接收论文80余篇，极大地激发了巴西学者和学生投稿的兴趣和热情，一定程度上保证了论文的质量和水平。